Dans over horisonter

INGRID RATHJE-KOHN

Dans over horisonter

Indre og ydre grænser

Lyrik

© 2021 – Ingrid Rathje-Kohn

Forlag: Books on Demand – Hellerup, Danmark

Fremstilling: Books on Demand – Norderstedt, Tyskland

Bogen er fremstillet efter on-Demand-proces

ISBN 978-87-4308-328-3

Indhold

Om mig selv

Marts

Vintergækker og erantis
blomstrer på min fødselsdag.
Endnu er det ikke forår,
men det er ej langt derfra.
Sparsomt farver sig naturen
med små klatter, gul og hvid,
nikker med små klokkeho'der
et farvel til vintertid.

Kold er jorden, når det spirer
under nøgne buske frem,
men de små beskedne blomster
sender vinteren snart hjem.
Og når vintergækker blomstrer
flittigt under busk og hegn,
så er tiden inde, at der
fødes børn i fiskens tegn.

Kold var verden, da jeg fødtes,
så jeg trænger til et hjem,
men lidt varme, det er nok til,
at jeg stikker næsen frem.
Forårssol får vintergækker
til at klare sne og slud –
og dens stråler la'r mig smile
li'så frisk som vårens brud.

2002

Det er jeg nu

Grå i håret, dellerne synker,
tænder forædlede, kinder har rynker.
Leddene knager en grum melodi
rygstykket værker og stemmer deri.
Tankerne slingrer og fabler i vers,
jeg er nu blevet syvoghalvfjerds !!
MEN
Helbredet holder og livet jeg nyder
taknemligt jeg modtager
alt, hvad det byder.

12.03.20

Erfaring

Jeg sidder her, funderer lidt,
hvem er det egentlig, jeg er,
jeg tror ej, det har været tit,
at jeg har gjort mig det besvær.
I mange år var det så vigtigt,
hvad andre ventede af mig,
hvad andre tænkte, hvad de så,
var det for mig den rette leg?

Jeg barn var kun, da jeg "forstod",
hvorhen jeg ville med mit liv,
for mig det var mit livsens rod,
jeg aldrig svajed som et siv.
Jeg gik mod målet skridt for skridt,
men alvor blev det dog dengang,
da FAGETS folk gav mening om,
hvordan man spiller denne sang.

Bedømme skulle andre nu,
om denne levevej var mìn,
forventninger var tåget kun,
jeg følte mig komplet til grin.
HVOR kunne danske børn få lov,
og HVAD var dem forbudt,
jeg ingen forholdsregler fik,
blev ud i flokken skudt.

Så det gik galt, naturligvis,
det var en slem erfaring,
usikkerhed mig spændte ben,
men blev til åbenbaring.
Forventninger du kender ej?
Så gør, hvorpå du TROR,
var det forkert, forklar du så,
HVORFOR du fulgte dette spor!

Min første livsens skillevej –
jeg var kun tyve år dengang,
den klarede mit mål for mig,
fra NU det blev min egen sang.
Har meninger og regler
baggrund kun i gamle vaner,
så spørg dit eget indre jeg,
hvad du som rigtigt aner.

12.8.2020

Rynkevifter

En næsten helt usynlig rynke
er sneget ind i øjenkrogen,
så hemmelig lidt efter lidt
slet ikke set af mig og nogen.
Ser jeg mig selv i spejlets glas,
det snyder mig, og røber intet,
til rynken kammerater fik,
og har om øjet vifter printet.

Men pyt med det, nu èr de der,
mit hjerte hilser dem velkommen,
for de gir tegn til mig især,
at vi ku' grine meget sammen,
for smilerynker får man kun,
har let til smil man og humør,
og smile-rynke-vifter er
en øjenblinkende dusør.

22.6.2020

Sydslesvig

Sydslesvig

Mit første møde med det danske
gik skridt for skridt etappevis.
Min mor tog afstand fra det tyske,
som havde bragt så meget skidt.
Mod nord hun vendte sine blikke
som andre gjorde i de år,
naturligvis hun også tænkte
at kunne vinde bedre kår.

Men ingen i den hele landsby
os kaldte flæskedansker her,
for mor tog alle konsekvenser
med sprogkundskab og vejbesvær.
Hun traved bravt til nabobyen,
og lærte dansk kultur og sprog
en dygtig, kyndig vandrelærer
os med på danskhedsrejsen tog.

Min mor var enemor med tre,
så tit hun tog os med derhen,
og på den lange vej tilbage
vi lærte dansk på vejen hjem.
Og da en mulighed vi fik
at dansk nu blev vor skolegang,
en times vej vi hver dag gik,
og aldrig var den vej for lang.

Fra nu i landsbyfolkets øjne
vi danske var med fuld respekt,
hvor ej velkomne velfærdsgoder
diktered vores sindelag.
Det danske voksed i vor hverdag
med sange, bøger, Dannebrog,
og voksenlivets arbejdsverden
naturligt dansk som pædagog.

2018

Rødgrød med fløde

Rødgrød med fløde
er bare så lækker,
det havde jeg endnu ej smagt.
Det var kun en sætning
ved dansk-undervisning,
vi lærte, hvordan den blev sagt.
Før jeg kunne læse,
leg lærte med øret –
det bløde "d" det nu gjaldt.

Den passende sætning
var "rødgrød med fløde",
det bløde "d" hørtes som "h",
med "h" det var Flöhe –
hvad skulle jeg mene??
på dansk var det lopper, jeg så.
Men rødgrød med lopper ?? – –
betakker mig meget !!
DET ville jeg ej smage på !

2018

Lærkesang

I den første tid i skolen
lærte alle vi engang
visen om en lærkerede,
det blev snart min yndlingssang.

Jeg kan høre lærkens triller
på den lange, lange vej
hele vejen hjem fra skole
er den følgesvend for mig.

Lille lærke, helt deroppe
højt på himlens klare blå,
hver en sanger på en scene
stemmen dig misunde må.

Næsten gennem hele året
gi'r den lille svirreprik
fra deroppe mellem skyer
mine ører en gang slik.

27.02.2002

Hjemstavn

Syd for Danmark, nord for Tyskland,
blandet fædre/mødre/arv.
Fiskerfolk fra Frieslands øer
rod til stammens livstræ gav.
Vuggen stod ved Sliens vande,
dér Kong Erik fandt sin død,
Slesvig med det stolte spir
står silhuet i aftnens rød.

2020

Bogbussen

En rullende kasse med billeder på
med grundfarve i det klareste blå,
den fyldt er med film og CD-er og bøger,
her finder man alt, hvis bare man søger.

Sydslesvigs bogbus har noget til enhver,
selvom det danske kan gi' lidt besvær,
men hjælp vil I få
hos de folk, der står frem,
beriget og glade kan I så gå hjem.

2018

Fødselsdage

Da Kong Frederik var Konge,
syntes jeg, det var så rart,
når vi holdt fest for ham derhjemme
var det bare eddersmart,
for i vor SSF forening var vi to,
der ku'se frem
til midnatsurets sagte tikken
slog over i gongong og klem.
Vi skåle ku` med tolvte slag
og tømme glas og kagefade,
for nu VI havde fødselsdag,
og kunne feste BEGGE dage.

11.03 2018

Mine drømme

Hvor jeg nyder mine drømme,
når de fører mig derhen,
hvor jeg ellers aldrig kommer,
hvor jeg sér en gammel ven,
får den snak, jeg længe ønsked,
som jeg undgik, da det gjaldt,
fik forklared, hvad der skete,
følte, vi fik virk'lig talt.

Når i drømme jeg igen
er pædagog for mange børn,
nyder jeg mit hverdagsjob,
og er glad ved hver en tørn.
Husker jeg så, når jeg vågner,
hvad der skete denne nat,
har jeg mere i arkivet
og en ny erindringsskat.

16.7.2020

Drømmeminder

Den mørke nat, den er min ven,
den gi'r mig hvile og kraft igen.
I nat jeg drømte om årsmødefest,
og mine venner
var med mig som gæst,
med børn og forældre og fællessang,
og gode kammerater,
jeg havde engang.
Vi fik os en sludder om gamle dage,
om bevarede minder
og glemte klager,
jeg vågner –!
Jeg i min seng mig befinder,
jeg elsker de nye drømmeminder.

19.4.2020

Erindringer

Den gamle hyld

Hjemme i vor køkkenhave
stod en gammel, knudret hyld,
i dens grene var det nemt
at gemmes under kronens fyld.

Ingen så mig, når jeg lå
i hyldens hængekøjeløv,
og når mor og søster kaldte:
"Opvask venter", var jeg døv.

For jeg lå der med en bog
og nød den ensomt friske luft,
mens "Den lille Idas blomster"
blanded sig med hyldens duft.

Helt i fred jeg ku' forsvinde
ind i bøgers sagaklang.
Hyldetræet sagte gynged
under vindens vuggesang.

17.05 201

Gem på minderne

Så tit har du sagt, du vil fastholde alting
de steder, du aldrig vil glemme igen,
de minder i sindets arkiv du vil gemme
og huske dem, når du ta'r billeder frem.

Men så må du også gå hen til de steder
og huske, at få dit kamera med,
for ellers så kunne du lede forgæves,
når i dit arkiv du vil finde hvert sted.

Men du har jo tid, det haster vel ikke
du har jo det hele ret foran din dør,
om du så går nu, eller måske i morgen?
Hvad forskel gør det, –
du har tænkt dette før!

For mange år siden i studietiden
du ville så meget, mens du nu var dèr,
men pludselig var kun en uge tilbage :
Det skulle bestemt ikke ske for dig her.

Så du tog dit kamera
og gik ned i byen,
af gammelt og nyt
tog du billeder med,
og fyldte arkivet med ting,
som du elsker,
og engang du mindes
og frydes derved.

2018

Tordenvejret

Mørke, gråblå skyer buldrer
over skovens træ'r,
badevandet er så dejligt,
ingen ser, det sker
alle pjasker overgivent
i den lune bugt,
ænser ikke tordenskyen
i sin vilde flugt.

Så den første tordnen
drøner over Sliens vand,
børn og voksne alarmeret
styrter imod strand.
Livet er i fare, hvis et lyn
blandt dem slår ned,
så med største hast de
skynder sig til Sliens bred.

Snupper deres tøj og render
våde op mod byen,
mens de første tunge dråber
styrter ned fra himmelskyen,
pjasker gennem engens græs
med våde, nøgne tæ'r,
gennemblødte når de frem
til varme, tørre klæ'r.

Inden længe solens stråler
spejler sig i pytter,
tordenskraldet høres kun,
hvis intensivt man lytter,
byen dufter frisk fornyet
efter sommerregnen,
sommeraftnens lune fred
sig sænker over egnen.

4.5.2018

Natur

Naturens skatte

Vi higer og søger,
men ej efter skatte,
det er naturens mangfoldighed
vi prøver at fatte,
og håber derpå,
trods fremskridtets hastighed
vi mennesker tidsnok
vil kunne forstå,
naturen er skrøbelig,
men har egne kræfter
og egne regler,
den retter sig efter.
Vil vi nyde godt af dens
rigdom og pragt,
vi må respektere
dens skabende magt.
Om vi vores omverden
magter at fatte,
så blir vi en del
af naturens skatte.

16.9.2018

Dal og bakker

Vi har også bjerge
omend de er små
ej hundrede meter
de får op at stå,
så let at bestige
dog traver jeg op
står sveden i strømme
når jeg når dets top.

Ej klipper og fjelde
håndtere vi skal,
men istidsmuræne
gi'r bakker og dal.
fra bakkernes toppe
vi skuer så vidt
over vikingelandet
og landet er mit.

22.8.2018

Naturkræfter

Jeg vil vokse, jeg vil leve,
strække mig mod vind og vejr,
og i bygger trådstakitter,
spærrer alt i fjern og nær.

Men naturen gav MIG stedet
jeg begyndte FØRST at gro,
mod naturens kræfter virker
hverken jern og fremtidstro.

Mine raske celler vokser,
spotter hegnets masketråd,
men'sker laver deres planer,
men naturen finder råd.

Når engang i fjerne tider
vi forsvandt fra land og fjord,
vil naturens stærke kræfter,
sprede nyt liv på vor jord.

4.8.2018

Regnbuen

Regnbuen maler
en port i det fjerne,
så gul og så grøn
og så rød og så blå,
med lilla begrænser
den buen til himlen,
fra tidernes morgen
så tit man den så.

Hvad spandt mon de gamle
som verdensforklaring,
når buen saa lysende
viste sig frem.
Forunderlig synlig
for alle, der så den,
hvem har mon bag porten
sit herlige hjem.

Dét ville jeg se
med barnlige øjne,
men porten var fjern
og ej til at nå,
skønt benene spænede
alt, hvad de kunne,
det lykkedes aldrig,
under buen at stå.

Det hem'lighedsfulde
ved regnbuens skønhed
fysiktimen løste
med klar polemik,
fortryllelsen blev dog
og regnbuen glæder
hver gang den nu stråler
i skøn æstetik.

2018

Stormfuldt hav

Havet buldrer mig imøde,
luften salter stormens brus,
jeg må bøje mig for vinden,
fødder kæmper gennem grus.
Bølger kaster skum på stranden,
stormen spreder det i fnug,
vandet trækker sig tilbage
gurgler i et stille suk.

Livet selv i al sin vælde
strømmer gennem krop og sind,
vinden ånder mig i jakken,
køler mig det bare skind,
jubelglæde fylder dagen,
stormens kræfter fylder mig,
spændingen udløser kraftspring:
Stormfuldt hav, jeg elsker dig.

6.8.2018

Skovmose

Dybt inde i skoven
hvor sjældent man kommer,
der ligger en mose
og damper i varmen,
det summer af fluer
og sværmende myg,
indtrængende lyder
insekternes larmen.

Guldsmedene svirrer
som dansende alfer
til toner, som mennesker
ej kan fornemme,
mens mosekonerne
brygger med tåge,
og kvækkende frøer
føler sig hjemme.

Hvad gemmer mon mosen i
hemmeligt mørke,
det gyser i dig
ved tanken derom,
hvad Egtvedpigen
og Tollundmanden
til vor tid fortæller
og vidner os om.

Du følger med omhu
den faste sti,
og runder mosens
boblende klukken,
fornemmer guldsmedenes
alfedans, og mosekonens
lokkende sukken.
Forlader stedets
flimrende lys
og føler et sagte
fortryllet gys.

2.8.2020

Skovpædia

Tyve børn vil ud i skoven
og to voksne følger vej,
først skal de til skovens foged
så det ikke kun bli'r leg.

Han fortæller dem om fugle
og om ræv og rådyrkid,
myretuer er en storby,
fyldt med regler, fyldt med liv.

Skoven er ej tyst og stille,
det fornemmer I dog kun
hvis I ikke selv vil larme,
og kan dæmpe jeres mund.

Vinden spiller symfonier,
træer er dens instrument,
granens nåle, bøgens blade,
egen lyd får vinden sendt.

Og de mange, mange fugle,
hver art har sin egen sang,
hvis I lytter koncentreret,
kan I skelne deres klang.

Kom, nu går vi ud i skoven,
øje hold med manden her,
rækker jeg min arm i vejret,
så vil jeg fortælle jer,

hvad jeg har til jer at vise,
så I selv det rigtigt sèr.
I det skjulte lever livet,
og dets storhed livet ER.

20.3.201

Dyr

Nabo's Lucy

Her i huset bor en kat,
som er udenfor hver nat.
Når jeg sidder her og skriver,
så en mjaven til mig driver.
Misser sidder dér på bordet
udenfor på min altan,
sér på mig med stive øjne,
om jeg den mon hjælpe kan.

Den bor helt på anden sal,
og vil hjem til sine folk,
men den kender mine vaner,
og vil bruge mig som tolk.
"Jjaauu," den siger, løfter poten,
lægger ho`det lidt på skrå,
sætter næsen ind på ruden,
da den sér, jeg kigger på.

Og jeg rejser mig og snakker
morgenhilsen med min ven,
mens den kælent gnider karmen,
og den gurrer lidt igen.
Mødestedet, det er døren,
som fra stuen lukker op,
dér vi står, og mine ben
bli'r slanget blødt af
missens krop.

For det meste mjaver den sig
hurtig hen til trappens gang.
Så var natten måske stressed,
måske også lidt for lang.
Men engang imellem, så får
ryatæppet sig en tur,
hvor den lægger sig og spinder
og får sig en lille lur.

23.7.2018

Bortrejst

Husker I mig, jeg er Lucy,
katten fra altanens bord.
Jeg kom pluds'lig ikke mere,
var forsvundet uden spor.
Men nu kan jeg fortælle jer
at hende, som jeg hører til
fandt en lækker livsens ven,
og misser skulle flytte med.

Turen i en lukket kurv
var ubehagelig og slem,
men det nye sted er dejligt,
så behageligt et hjem.
Gemmesteder rundt i haven,
egen lem i husets dør,
dag og nat min egen frihed,
katteliv, som aldrig før.

Men trods alt, fra tid til anden
husker jeg min nabo-ven,
som mig lukked ind ad døren,
når jeg kom fra jagten hjem.
Og den lille snak ved ruden,
kæletur i stuens lys
og en spindetur på tæppets
bløde, varme Rya-plyds.

23.8.2018

Hej misser

Hej, misser, du,
hvor er du sød,
bor du på denne vej?
Jeg kan så godt li' katte
må jeg kæle lidt med dig?

Hvad vil du mig,
du menneske,
vil du bestikke mig,
jeg sidder her og drømmer
og har ikke lyst tl leg.

Jeg drømmer om
min sidste jagt,
dén mus var som en steg.
Jeg smager den på tungen.
gå du nu din egen vej.

Du kære lille missekat,
det kan jeg godt forstå,
drøm du din lækre musedrøm,
og jeg vil hjemad gå.

Og næste gang
jeg går forbi,
ses vi måske igen,
så har du måske lyst
til kæleri med mig, min ven.

20.7.2020

Hvide mis

Ti år jeg kender denne mis,
som bor i skur på åben mark,
og går forbi jeg på min tur,
så kommer den og siger hej.
Jeg savned den så lang en tid,
og kaldte jeg, så kom den ej,
hvad er mon sket med hvide mis,
for evigt lever misser ej.
Så står jeg dér og tænker på
min hvide mis og mindes den –
og hører lyde nærme sig,
et dybt miau, jeg kendte den.

Og hvide mis kom løbende
og spindende og gurrende,
og vandt sig mig om benene,
som spinderok så snurrende.
Den hvide pels var støvet,
og dens ører var forrevne,
dens næse havde ar,
men den var stadig
rap paa benene.

Jeg tog et billed' og et til
og endnu mange flere,
og kæled grundig med "min" kat,
den bløde, hvide kære.
Den lever og den har det godt,
og jeg er svært fornøjet,
og da jeg gik derfra igen,
det regned lidt fra øjet.

28.4.2020

På jagt

Vær nu stille, det rasler
i løvet derhenne
i skjul under busken,
jeg lugter en mus.
Jeg er ikke sulten,
jeg spiste derhjemme,
men jagtfeber driver
mig ud af dit hus.

Derhjemme jeg er
kælemissen, der spinder,
der ligger på skødet
og leger med dig,
men nu er jeg
rovdyret, kun
ganske let tæmmet,
når sansernes lyster
mig lokker på vej.

Når lysten er mættet,
jeg kommer tilbage,
og tænker på dig,
min kæreste skat,
jeg deler mit bytte
og lægger af musen
den bageste halvdel
på måtten i nat.

23.7.2020

Søndagskur

Søndag morgen, alt er stille,
det er mørkt, og jeg vil sove,
fugtig mig en næse rører,
mere hvil vil det ej love.

Stemmen grynter et par toner,
øjet åbnes næsten halvt,
ansigt gemmes under dynen,
før en tunge gør gevaldt.
Halen logrer hele hunden,
fire poter på min vom,
jeg gi'r sorte Kalle knus,
ingen tvivl er mer' derom.

Morgentur på tomme gader,
søndagsfrisk den rene luft,
biler holder weekendfri,
og haver spreder blomsterduft.
Kære Kalle, jeg dig priser
for den friske morgentur
søndagsstille byen viser
mig en anderledes kur.

3.5.200

Biffers trængsler

Hvad snuser du og kradser du
på døren, lille hund,
til det er tid til travetur
er dog en bette stund.
Kom læg dig end'lig på din plads,
så falder du til ro,
når tiden den er inde,
skal vi få det sjovt, vi to.

Men Biffer vimser stadig rundt,
han har det frygt'lig svært,
og tænker jeg mig om,
så er det heller ikke sært,
for nabos lille tæve
er så fyldt med østrogener,
hun længes efter Biffer,
som med hende sig forener.

Og Biffer kender vejen ud,
han kender den af katten.
Når Misser hun vil udenfor,
så ser han hende ta'den.
Ja, kattelemmen er hans redning,
så han smutter ud,
og inden jeg får set mig om,
er Biffer hos sin brud.

Men Biffer, han har et problem,
han er for stor til lemmen.
Da han med møje maser ud,
så sidder han i klemmen.
Han slider hele lemmen ud
og ta'r afsted på valsen,
og endlig når han til sin brud –
med lemmen rundt om halsen !!

28.03.2018

Hundesjov

Biffer fandt en mudderpøl,
sikke lyde, når det pjasker,
alskens dufte strømmer vildt,
herligheden om den sjasker.
Når den ryster vildt sin krop,
sprøjter store, brune klatter
om dens ellers lyse krop,
Guldretriver ? – ej man fatter !!

Solskinsvejr – terassedøren
åben står,og Biffer lister
ind i stuen ganske stille,
hvor den lyse sofa frister,
behagelig den maver rundt,
slikker sig med smil om snuden,
men det RAMASKRIG fra gangen,
var den allerhelst foruden.

"BIFFER – KLOVN,
dit store skrummel,"
menn'skedyret kræfter har,
slæber rapt afsted med Biffer
ud i husets badekar.
Og der lyder råb og hylen
menneske og bad og hund
finalestorm i tågegryden,
hvilen derpå velforundt.

Skrub og rens vi springer over,
folk i huset holder fri,
hængeøret Biffer sover
FORAN sofaens magi.
Af og til dens poter spjætter,
og om snuden sidder smil,
for i drømmen den sig sætter
midt i mudderpølens spil.

20.4.2018

Storken kommer

Hvem tror endnu, at det er storken,
der bringer os de søde børn.
Så stort et næb, kan det mon tage
så vigtig og så hård en tørn?

Men klaprer storken ned fra taget,
så vinker børn med glade smil,
nu får vi småbørn ned i vuggen,
men sådan går det ikke til.

For storkefar og storkemor
har nok i deres egne unger,
som ruges ud og passes på,
og vil ha' mad til deres tunger.

Og kommer de med frø og snog,
så klaprer der koncert i byen,
når storkeunger ta'r imod
hvad far og mor har
med fra skyen.

27.4.2020

Snog i græsset

Morgenfrisk i lejrskolen,
græsset grønt og højt og vådt,
morgentur med bare fødder,
det er både sundt og godt.
Men med ét der glider noget
under min den ene fod,
jeg et kraftspring får præsteret,
jeg af skræk i luften STOD.

Sort en tingest fra mig vrider
gennem græsset, højt og vådt,
gysen gennem kroppen slider,
hvad med foden jeg har trådt ?
Men da dammens vandspejl hvirvles
af den viltre sorte krop,
viser gule nakkepletter,
hvad min fod har jaget op.

25.8.2020

Morgen

Gå din vej

Dumme dag, hvad vil du mig
bliv derude, jeg vil sove,
du er mig for grå og bleg,
ingen stråle vil du vove,
kom lidt senere herhen,
så er du min ven igen.

Vask dit ansigt, det er gråt,
sådan ynder jeg dig ikke,
skyl det frisk i havet blåt,
få måske lidt godt at drikke.
Puds din sol og rens din luft
så mødes vi ved kaffeduft.

16.8.2020

Hallo, god morgen

Stå op og smid dynen,
dagen er lys,
klokken er seks,
og hunden vil luftes,
børn skal i skole
med afskedskys,
og hele huset
skal kaffeduftes.

Prøv smilet i spejlet,
skyl søvnen af øjet,
din hund venter på dig
og letter et bjæf.
Tag snoren af knagen,
begiv dig til lunden
og få dig en snak
ved et hundetræf.

Så er du vågen
og dagen begynder,
frisk luft og en gåtur
får blodet i gang.
Familien er oppe
og kaffen er færdig,
og børn giver hjemmet
en levende klang.

11.7.2019

Morgensur?

Er du træt og sur en morgen,
tag din sangbog fra reolen,
slå den op, som det nu falder,
syng en hyldest højt for solen,
løft dit hoved, ret din ryg,
og hvis stemmen endnu skratter,
host den fri til næste vers,
som du synger, så det batter.

Under bruseren du synger,
hvad du kender udenad,
midt i vandets stride strømme
lyder sangens muntre kvad,
som ledsaget af en susen,
havets bølgeslag mod strand,
og af graners sagte hvislen,
når du går ved skovens rand
Morgensurhed kan ej holde,
når du synger træthed væk,
kræfter strømmer gennem kroppen,
munterhedens bøj og stræk.
Dagens dont du nu kan møde,
pligter lokker dig med lyst,
sikkert løser du problemer,
når du rustet er til dyst.

18.8.2020

Honning

3.4.202
Det dufter af kaffe
og ristet brød,
som guld stråler honning,
så glinsende sød,
som flydende rav
risler den i en stribe,
så mundvandet kommer
gevaldigt i knibe.
En himmerigsgave
bedårer din mund,
en herligt fortryllende
morgenstund.

Kaffeduft

Hvad rammer min næse,
hvad hænger i luften,
det skulle vel ej være
kaffeduften.
Jeg slænger den
varmende dyne af mig
og følger duften,
det går som en leg.
Derude står kæresten,
ham, der er ny,
han smiler til mig
så uredt og kry.
"Du gav mig de dejligste
drømme i nat,
kom, sæt dig og nyd
morgenkaffen,
min skat".

16.4.2020

Kold kaffe

å kold er min kaffe,
min kaffe er kold.
Jeg gik mig en tur,
var ej ude på sold.
Så kommer jeg hjem
til min fyldte kop,
men tro bare ej,
at jeg varmer den op.

For den er ej lunken,
det hader jeg,
iskold-forfriskende
er godt for mig,
og Anton Berg
runder af mit behag
og sådan begynder
min dejlige dag.

2.4.2020

Aften

Fyraften

Det er sent og natten kommer,
stille lister den sig ind.
Dagens travlhed falder af mig,
hvile fylder krop og sind.

Sutsko på og døren lukkes,
ingen skal forstyrre mig,
vil du noget, kom i morgen,
pas engang din egen leg.

Jeg ta'r fri til mine drømme,
dagens travlhed går i hi,
kreative indre rejser: –
åndens egen voksesti.

16.7.2020

Aften over Slien

Solen går ned i
kaskader af farver,
der spejles i vand
på den vindstille fjord,
hvor sværme af myg
sagte stiger og falder
som tåge, der ånder
af dampende jord.

Fra skovbrynet høres
en ugle, der tuder
af sult sikkert ikke
for mus lytter med.
En længselsfuld kalden
som rører mit hjerte
sig langsomt fortoner,
mens solen går ned.

En sagte vind lufter
fra granernes toppe,
den krydrede duft
kalder minderne frem
om barndoms og ungdommens
kærlighedsdrømme,
om forår og sommer
i barndommens hjem.

Langt borte i vest
himlens rødme går over
i lilla og mørkeblåt natmaleri,
nu fjordens vand sortner
og stjernerne spejler
med skælvende glimt
sig forsigtigt deri.

2018

Stjernetæller

Når jeg ser de klare stjerner
blinke på den mørke himmel,
drages blikket i det høje
til den maleriske vrimmel.

Og jeg vèd, at hver en stjerne
er en sol, som den, vi har,
måske er der èn og anden,
som ledsages planetar.

Måske står en stjernekigger,
nyder stjernehimlens hvælv,
tegner billeder i mørket,
tæller stjerner, som jeg selv.

10.4.2020

Stjerneskud

Tusindvis af gyldne stjerner
lyser over nattens himmel,
hver én har sin egen plads
og holder den i al dens vrimmel.

Rolig blinker de fra oven,
sender billeder herned,
som vi mennesker os maler,
og som fylde kan med fred.

Uforanderlig det synes
år for år og dag for dag,
pludselig vort øje fanges
af et glimt i hastejag.

Stjerneskud fotryller sindet,
alt for sjældent det dog sker,
har man fået dem for øjet,
ikke mere man dem ser.

Hurtig, hurtig, ønskestjerne!
Tanker flyr dig som en vind,
stjerneskudet er forsvundet,
inden ønsket flagrer ind.

Åh, forbi ! – var det i tide,
at jeg gjorde tanken klar?
Snød det mig i al sit hastværk,
holdt en stjerne mig for nar?

2020

Foraar

Frisk foraar

Tågen letter,
og solen får magt,
blinker som stjerner
på græsset, det grønne,
dugdråber spejler
forårets pragt,
mens plænen
slikker af vandet,
det skønne.

Birkenes kviste
har små grønne perler,
som gynger i vinden
som brudeslør.
Vi venter dig, forår,
vi hilser dit komme
med farver og friskhed
som mangen gang før.

26.4.2020

Forårssol

Solen varmer
de nøgne grene
og kvistenes knopper
fyldes med saft.
Det vokser derinde
og skallerne plopper,
mens rødder fordeler
af livets kraft.

Himlen er grå
og jorden er brun,
vejene kantes
af smeltende sne.
Vintergækken
har lukkede ho'der
dens klokker er gemt
og er knapnok at se.

Men sagte luner
en tøvende vind,
når jeg med min hund
løber foråret ind.
Det pibler så småt
med grønt under buske,
når jeg får det
spirende forår
i sind.

22.2.2018

Dejlig morgen ?

Sol, hvor er du, himlen er grå,
hvad positivt skal jeg nu kigge på.
Humøret bli'r gemt i et tågetæppe,
optimisme og glæde,
det finder man næppe,
hvordan nu forklare det
helt for mig selv,
at jeg er fornøjet alligevel.

Se, det er forår, og fuglene synger,
æbleblomster på kvistene gynger,
alt spirer grønt og frodigt for øjet,
hvordan kan man så
ikke være fornøjet.
Naturen omkring mig spirer og gror,
livet er skønt på vor dejlige jord.

12.05.2018

Vinter – forår ?

Det dufter af forår,
det drypper fra tage,
spredt ligger sneen
i grumsede flager,
skoene sjasker
i pytter og slud,
vinter mod forår !
hvem gi'r os et bud ?

9.3.2018

Sommer, vinter,

hver for sig,
begge dele elsker jeg,
sommeren med sol og varme,
vinteren med snevejrscharme.
Hvis altså vi får vintersne
og sommersol, som vi kan se.

27.7.2018

Aprilsnar

Solens stråler varmer stuen,
og mit vindue står på klem,
solsortskarer hilser morgnen,
lokker mig ud af mit hjem.
Frakken holder fri i skabet,
frit jeg nyder solens lys,
ta'r en tur på vej til skoven,
SÅ får jeg det kolde gys.

Østenvinden bider nakken,
hænder blå og næsen rød,
havde jeg dog taget frakken,
anderledes jeg det nød,
solen blinker smut med øjet,
aprilsnar bød mig solens lys,
rask jeg vender næsen hjemad,
HOV – dér var det første nys!

2019

Trylleri

Morgensol fortryller engen
tågen vifter let for vind
duggen samler sine dråber
omkring edderkoppespind.
Under solens varme stråler
engens gråslør samler lys
mens et net af diamanter
stråler frem af morgnens dis.

Solsortfløjten i det fjerne
luftens endnu kolde gys
himlen sluger sidste stjerner
medens farverne fornys
spindelvæv i grønt forsvinder
solen tryller skygger frem
hvor en harekilling leger
i et sikkert skyggehjem.

Solen stråler frit fra himlen
gennemvarmer jord og luft
tusindfryd og mælkebøtter
spreder deres søde duft
dagens lys omskyller engen
sommerfuglealfedans
fletter over sommerengen
morgensolens trylleglans.

2018

Jeg kommer !!

Droslen slår sin klare trille
himlen er så blå og ren
og jeg pudser mine briller
ryster mine gamle ben,
bringer kroppen op på højkant
slukker fjernsynskassens larm
trækker vejret dybt og grundigt :
Forår, tag mig i din arm.

2018

Sommer

Sommervejr

Stormen suser over landet
skyer dækker himlens blå,
regnen står i stride strømme,
folk ta'r deres jakker på.

Paraplyer knækker over,
du bli'r våd fra skind til ben,
fødder går i gummistøvler,
vandet pisker gaden ren.

Så et glimt af blåt forude,
skyer deler sig og fly'r,
solstrejf blinker på en rude,
hele verden sig forny'r.

Træer drypper vand i nakken,
fuglebad i pytterne,
forbeholdent falder jakken –
sommer i gemytterne.

2018

Åkande

Søen ligger klar og stille
i den lune morgenluft
askegrene spreder skygge
i den skjulte lille bugt.

Myggesværme danser over
blade på det mørke vand,
medens morgensolens stråler
sætter søens spejl i brand.

Bladetæppet gynger roligt
bærende en blomsterpragt,
som kanske af alfehænder
på den grønne seng blev lagt.

Hvide, store blomsterblade
kraftige, men dog så blødt,
stråler på det grønne tæppe
med et stænk af lyserødt.

Eventyret vifter lifligt
spinder sagte os en tråd,
fantasien bygger vej til
tommelises spinkle båd.

Rosen

Når rosen går fra hånd til hånd
så visner snart dens rosenmund,
og i buket med silkebånd,
ta'r snart dens hoved sig et blund.

Og vasens fodbad den ej ynder,
men sidder den i havens busk,
så tindrer rosens friske blade
så længe gennem storm og rusk.

Den vilde rose i naturen
slet ikke ynder saks og kniv,
snart falder blomstens blade af,
og hermed ender rosens liv.

Men får den lov at leve længe,
så stråler hyben rosenrød,
og fylder smådyrs sultne maver,
ét af naturens levebrød.

3.9.2020

Hedebølge

Hedebølge ligger over landet,
sommervejr og skolebørn har fri,
end'lig kan de nyde badevandet,
jubelglade kan de hoppe i.

Men til glæde er det ej for alle,
mark og have tørster efter regn,
alt for tidligt må nu kornet falde,
landmænd synes ikke godt om leg'n.

Vinden hvisler i de tørre blade,
varmen drikker af det slatne løv,
alt for megen solskin er til skade,
grønne farver trækker gråhvidt støv.

Men vi kender det i lille Danmark,
mørke skyer trækker over land,
regnen styrter ned i stride strømme,
alle flygter hjem fra skov og strand.

Alt bli'r vasket, tørstig drikker landet,
tørkebrande truer ikke mer',
nøgne fødder pjasker pyttevandet,
og igen vi be'r om dejligt vejr.

Solsorten fløjter

Klokken er fire
det lysner derude
en solsort os vækker
med fløjtekoncert:
"I menn'sker vil sove?
det rører mig ikke,
jeg sikrer mit hjem,
hylder ej fremmed vært.

Har I dagens travlhed
og larm kun på sinde,
så ænser I ikke
min solsortmusik,
naturen I ser ej,
i vandrer i blinde
med usynlige kæder,
og arbejdstrafik.

Men aftenen giver
jer mildhed i sindet,
så hører I mig
og nyder min sang,
fra fjern og nær klinger
vidt over byen
de jublende toner
fra fløjternes klang.

23.7.2020

Det var det !!

Det klasker på fliserne
regndråber springer,
haglkorn imellem dem
klakkende klinger,
vandpytter vokser
med krappende bølger,
mens torden og lyn
melodien nu følger.
Et stormende pust
driver skyerne bort,
det uvejr i dag
var forbavsende kort.

15.8.2018

Naturens leg

Et stænk af efterår
sig lister ind i
sommervarmen,
en duft af æbler
blander sig i luftens
milde vind.
Når moden frugt
sig drømmer blidt tilbage
til humlebiens kys
på æbleblomstens
silkebløde kind.

17.9.2019

Æbleduft

Efteråret puster friskhed,
hilser sommeren farvel,
endnu strømmer æbleduft
og minder os om livets sjæl.
Bier summed mellem blomster
elskovsleg til moden frugt,
æbletræet smiler stille:
våren blev så festligt brugt.

3.9.2029

Efteraar

Sommer farvel

Efteråret hilser
sommeren farvel,
det er mørkt og koldt,
og vinden suser,
mørke skyer trækker
over byen,
og inden længe
regn fra himlen bruser.

Men blomster lyser
i de skønne farver
med lillablåt og gult
og gyldentrødt,
og skoven pynter sig
i solens sidste stråler,
før vintertæppet
dækker jorden
hvidt og blødt.

7.10.2019

Høstfest

Naturen holder
høstfest i Oktober,
med hyldebær og
brombær og med røn,
med modne nødder
bliver slikket broget,
og bonderoser
maler haven køn.

De første kolde vinde
sagte blæser,
og løsner blade,
hvor de kommer frem,
og folk på gaden
skutter sig i frakken,
og skynder sig
lidt mér på
vejen hjem.

Oktober si'r farvel
til sommervarmen,
naturen dækker bord
en sidste gang,
med modne frugter
og de varme farver
der pynter op til høst
i Danevang.

14.10.2019

Sensommer

Blomster bliver nu til frugter,
anderledes dufter de,
hyldebær og modne æbler
kanter efterårets sti.
Vepse mæsker sig i saften,
summer deres melodi,
sommersange endnu gælder
som jeg højlydt stemmer i.

23.8.2020

Våd avis

Koldt og blæsende derude
turbostorm og gåsehud,
løse blade fylder luften,
jakken på, når du går ud.
Hurtig du avisen snupper
med en halvdel klistervådt,
spor på trappen du nu sætter,
for du har i pløret trådt.

Men derinde kaffen bopler,
duften strømmer dig imod,
bladet åbnes helt forsigtigt,
for avisen blev så våd.
Behagelig i lænestolen
nyder du den første slurk.
Stormen pisker rundt om huset
efteråret går agurk.

16.10.2019

Løbsk paraply

Det stormer derude
skyerne jager
og regndråber pisker
så ujævn en takt,
en paraply nyder
sin frihed fra hånden,
dens ejermand styrter
derefter på jagt.

En kantsten i vejen
og øjet er blændet,
og føddernes syn
er ej meget bevendt,
den stakkels mand snubler,
i pytten han falder,
han ligger og pjasker,
hvad er der dog hændt.

Hans regnvejrsbeskytter
i saltomortale
tar turen på gaden
i klikkende fart,
og efterårsstormen
slår ping-pong med sagen,
og vandet i pytten
er slet ikke rart.

Og stadig det øser
i stridende strømme,
men manden er våd
også uden sin ply.
Nu stavrer han hjemad
med vand ned ad nakken,
i byen i morgen
han køber en ny.

25.8.2020

Oktober

Tunge, mørke natteskyer
skjuler månens blege lys,
birkeblade fylder luften
hvirvlende i spinkle drys
vinden leger smut med håret
gi'r mig fugtigt kys på kind
med et lille smil på læben
smutter jeg i stuen ind.

6.10 202

Det sidste blad

Hvor blev I af, I kære venner
som var hos mig en sommer lang,
vi delte solskinsvejr og regn
og lyttede til fugles sang,
vi dansede i takt med vinden
i formation, på hver sin kvist,
så edderkoppens travle spinden,
som også blæstes væk til sidst.

Nu sidder jeg her helt alene,
det sidste blad på træets gren.
I fløj afsted på vilde vinde,
og løste selv jer én for én.
Når saften lukker sine årer,
så høster efteråret sit,
til værn den løvet altid kårer,
beskytter træets rødder blidt.

Nu hjælp mig, sol og regn og vind
at løsne mine sidste bånd,
jeg ligge vil hos mine venner,
fortrolig i min skabers hånd.
Jeg favne vil det nye liv,
som af naturen er mig givet,
foranderlig bestandighed
er kendetegn for selve livet.

26.8.2020

Vinter

Mørke

Morgnen sort og aftnen sort
og dagen er så grå og kort.
Vinteren ta'r os i nakken,
lysets tid er draget bort.

Tågen smuldrer skarpe kanter,
og det drypper fra hver gren,
fryser natten tågens dråber,
glider man på glatte sten.

Men om natten lyser stjerner,
blinker trøstende herned.
Minder om den éne stjerne,
som gav bud til os om fred.

I de lyse sommernætter
stjerners lys er svag og bleg,
solen spreder sine stråler
i sin egen sommerleg.

27.12.2019

Naturen maler

Stjerner falder ud af skyen,
danser hvirvlende til jord,
bringer bud om vinterkulden,
lægger sig som stjernespor.
Tegner mønster i det grønne,
langsomt bli'r det hele hvidt,
medens sidste visne blade
løsner sig og daler blidt.
Lægger sig som en collage
ind imellem hvidt og grønt,
røde bær i busken lyser:
årstidsmaleri så kønt.

25.11.2018

Vintereventyr

Aftenrøden lyser ude,
inde lysestagen står,
mørket trækker ind i stuen,
lænestol sin ejer får.
Bedste mageligt sig sætter,
ta'r det mindste barn på skød,
kom og sæt jer ned, I store,
hør på mig, så er I sød.

Udenfor en snestorm raser,
spreder uro i jert sind
derfor vil jeg nu fortælle
fredens ånd i hjemmet ind.
Gode drømme skal jer følge
gennem vinterstormens nat,
børnene har hentet puder,
spændte sig på gulvet sat.

Tidligt kommer vintermørket,
eventyret passer her,
bedste bruger fantasien
uden sandheds pligtbesvær,
blomsteralfer, troldekoner,
træer, som kan vandre løs,
pigen, som nu er prinsesse,
og var før en asketøs.

Sneen lægger sig til hvile,
som et stivnet hav den står,
morgenfriske glade unger
kælken frem af skuret får,
pløjer stier gennem driver,
retter kælkebakken til,
hele dagen lyder latter
gennem vintervejrets spil.

2.12.2019

Rimfrost

Vinteren kommer,
snart er det december,
det fryser om natten
og dagen er kort,
mens visnede blade,
så tørre og brune,
bli'r løsnet af vinden,
og sejler så bort.

Nu titter Kong Vinter
i smug gennem skyen,
"Min tid kommer til jer,
med slud og med sne,
mens solen endnu
sig spejler i ruden,
en morgen er rimfrost
på græsset at se."

I nyhederne meldes
der isglatte veje,
og vejgrøfterne har
største tiltrækningskraft,
jeg sender en tanke
til dem, der skal køre,
vær varsom og slæk lidt
på speaderens saft.

18.11.2019

Det sner

Hej, folkens, kom vil I nu se,
derude er en masse sne,
jeg tror minsandten, det er nok
til sneboldkamp i sluttet flok.

Og se nu dér en kugle stor,
er trillet flot af storebror.
Og haven har en snoet gang,
i sneen hvid, så grøn og lang.

Få snedragt på og varme sko,
så skal vi ud i sne, vi to.
For frøken tø hun står på lur
bli'r det for sent, så bli'r jeg sur.

3.2.2019

Snestorm

Over marker, over veje
pisker det med sne og slud,
blænder øjet, bider kinden,
næppe vover man sig ud.
Mellem hegn og bagved buske
vokser bølgegang af sne,
og man stavrer ind i driver
som man ikke kunne se.

Sne i skoen, sne i nakken,
skuldre møder øregang,
pukkelrundet stritter frakken,
og den vej er, åh, så lang.
Hegnet holder dig på vejen,
så du ikke farer vild.
Aldrig læg dig ned i snestorm,
lejet er så dødsensblid.

Første huse dukker frem,
lettet retter man på ryggen,
bakken giver læ for stormen,
landsbyen er selve lykken.
Snestorm raser li'som før,
men nu er man næsten fremme
og man flyver rask afsted,
Gudskelov, man er derhjemme.

16.2.201

Korte dage

Ind lister sig den mørke nat
så alt for tidligt, uforventet
os siger solen "Jeg har fri"
og væk er den, fra himlen hentet.
Og heftigt rødmende af lyst
den synker ned bag horisonten,
mens himlen sender farvespil
af rødt og gult og lillablåt
til afsked os fra englefronten.

17.12.2019

Skæmt

Porcelænsbutikken

En elefant fòr vild i staden
og kunne ikke finde ud,
den masede sig gennem gaden
og vifted med sin snabeltud,
den fandt en dør, så stor og bred,
og lettet skyndte den sig ind,
med sænked hoved gik det fint,
men skrammer fik dens sideskind.

Så lød der ramaskrig forude,
"Hvem redder nu mit porcelæn !?!"
En sovseskål strøg gennem ruden,
og ingen kunne fange den.
En klirren og et fælt rabalder
da Jumbo gik i piruèt,
og rundt omkring tallerk'ner falder,
butikken er et puslesæt.

En stemme trængte gennem larmen,
”Kom, søde Shira, kom med mig,
jeg har en klase med bananer,
den kan du spise på vor vej.”
Bananer vandrer ind i munden,
og hånd gi'r snabel sikkert hold,
og begge vandrer ud ad døren,
for Shira er skam ej til vold.

I døren vender dyrepasser
sig om og siger: ”Undskyld, mand,
forsikringen betaler alt,
og får butikken gjort i stand.”

28.9.2019

Digtermusen

Jeg sad her tit og digtede,
men digtermusen svigtede,
så tog jeg hunden med på tur,
og dér sad musen så på lur.

Bestikkelse

Store Mikkel edderkop
fanget har en myre,
han er superglad for den,
den er af de dyre
Den er lækker, den er sprød,
og den er til Tine,
hende vil han giftes med,
sammen er de fine.

Edderkoppedamer er
sultne så det batter,
har de lavet babyer,
de æder deres fatter.

Derfor Mikkel edderkop
myren har at give,
så hun stille kan sin sult,
og han kan bli'i live.

19.8.2018

Kældersmæld

Jeg synger i min kælder
så kældergangen skjælder
når musen spiser af min frugt
så jager sangen den på flugt.

2018

Hvem er du ???

Morgenstund har guld i mund
men øjne, som kun halvt dog ser,
hvem ser på mig fra spejlet dèr,
er det måske et drømmesyn,
var jeg for længe mon i by'n?
Fik jeg en fremmed med mig hjem,
skal jeg ha'mine briller frem?
Nej, først jeg lige vasker mig –
Men Ingrid dog, det er jo DIG,
hvor èr det rart, min egen ven,
at du har fundet hjem igen.
Et kys til spejlet sender jeg,
nu dagen går den rette vej.

30.7.2018

Din dumme vægt

Sig mig, vægt, hvad mener du,
hvad der står, kan ikke passe,
jeg har levet streng diæt,
og er helt holdt op at nasse.
Ingen kage, ingen is, og heller
ingen pommes fritter.
Viser snart du ikke andet,
så din tjeneste jeg kvitter.

Så, du vægt, du snydefister,
tænk dig om, hvad du vil vise,
jeg får lyst til lidt medister,
en så ganske herlig spise,
hvis diæt du ej belønner,
så er jeg da ligeglad,
hvor jeg elsker køleskabet,
NU skal jeg ha' dejlig MAD.

2.3.2019

Ventilator

Frøken Venti og Hr Lator,
mødtes i en elevator,
heden steg med dem til toppen
gav dem varmesus i kroppen,
søgte køling ved hinanden,
Ventikonen, Latormanden,
kølingen gik ganske stødt,
og ventilatoren var født.

9.8.2018

Dinotid ?

Ser du en dinosauer i din have,
er tidsforløbet ud af lave.
Ved næste blik den sig fortoner ?
Så har du hallucinationer.
Fornemmer du, at jorden ryster,
er du bestemt ej nogen kryster.

Du går derud, for ret at se,
hvad ved dit hjem er ved at ske.
Et kæmpehul i haven vokser,
dit hjerteslag nu næsten kokser.
Du farer sammen i refleks –
dér står Tyrannosaurus Rex !!

Med mod du får din slynge fat
som David imod Goliat.
Du slynger løs som bare Fanden,
og rammer lige den på tanden.
"Av," skriger Dino, "jeg er såret
og ser på dig uend'lig fåret.

Nu nedefra sit hul den vogter,
og du bli'r bragt til psykodoktor.
Han har til dig en lille pille,
men det var ikke det, du ville !

Det finder du dig ikke i,
du elsker jo dit sjoveri.

2018

Strøtanker til et børnerim

En mus, en mus,
den kom ind i mit hus,
den fandt sig et varmt
og hyggeligt sted
ubemærket smuttede den
i kælderen ned.
En sprække i døren
var fristende stort,
den smuttede ind
og tabte lidt lort.

Det bemærkede jeg
og lyttede stille,
om ikke den lille gæst
røbe sig ville.
Der lød lidt raslen
i en kasse af træ,
mon den sidder dèr,
det lille fæ!

Nej, du kan tro NEJ,
der er mine bøger,
i dem mine børnebørn
nogen gang søger,
så spændende gammelt,
så nyt dog for dem,
som de så begejstrede
ta'r med sig hjem.

Jeg lister låget af kassen,
forsigtigt jeg kigger derind,
og ganske rigtig:
I hjørnet, hvor
Robinson Crusoe ligger,
dérfra mange øjne
i skræk på mig kigger,

et helt kuld af unger,
så bittesmå søde,
med dun på kroppen
og næser så røde,
en rede af Robinsons eventyr,
har musemor bygget
til sine små dyr.

Jeg løfter reden
med omhu fra kassen
og bærer den mumlende
ud på terassen,
et gammelt fuglehus
finder jeg frem
og håber, at musemor
snart finder hjem.

18.9.2018

HVOR ER MINE BRILLER ???

Mine briller, mine briller,
hvem har set dem her idag,
dag for dag det er det samme,
vi har brille-jagte-jag.
Og vi leder og vi søger:
I må finde dem til mig,
uden briller bli'r der
heller ingen is og
flæskesteg !

Har du ledt i kosteskabet,
ligger de i din avis,
eller har du dybt i tanker
lagt dem i din sparegris ?
Aah, hvor kàn de dog mon være,
har på spejlet du dem sat,
havde du dem på i sengen,
da du læste lidt i nat ?

Hov, nu ringer det på døren,
hvem går hen og lukker op?
Det er Bagermester Søren
med den store, tunge krop.
"Jeg har fundet dine briller,
de lå ved din kaffekop,
for du havde jo lidt travlt,
da du løb hjem i fuld galop !"

15.04 2018

Børn

Den første tand

Min første tand er vokset frem,
nu er der stille i mit hjem,
forbi er pinen i min mund,
og jeg får mig et lille blund.

Min mor var ikke så fornøjet,
har mørke ringe under øjet,
jeg under hende søvnens hvil,
hun drømmer med et lille smil.

Jeg er så mæt og tør og varm,
mor holder om mig med sin arm,
vi vågner, og det gør vi snart,
så leger vi og har det rart.

6.5.2018

Gemmeleg

Jeg gemmer mig, bedste,
og du finder mig,
jeg kan så godt lide
den herlige leg,
har jeg fundet stuens
skjulteste sted,
så kalder jeg på dig,
og gi'r dig besked.

Kom nu og find mig,
men det bliver svært,
jeg sidder i skjul
på et sted,
åh, så sært,
og nærmer du dig,
så ved jeg en list,
jeg smugler mig væk
li' så stille og pist.

Nej, bedste, du fandt mig,
hvordan gik det til,
jeg tænkte, gardinet
mig godt gemme vil,
jeg vikled mig ind
i de duftende folder,
så sikker på, at
dette gemmested
holder.

Så bedste, gem du dig
jeg tæller til mange,
så kan du dit bedste
gemmested fange.
Jeg KOMMER, –
åh, bedste,
du er ej så vaks.
Bag MORGENAVISEN,
det sér jeg dog straks.

2018

Åh bedste, fortæl

Åh bedste, fortæl mig et eventyr,
jeg må ikke larme idag,
min tablet er slukket
og fjernsynet dødt,
og mor hun er dårlig og svag.

Men huske jeg kan,
at det altid var sjovt,
når du havde eventyr på
at Andersen, ham med den store tud,
fik timernes ben til at gå.

Fortæl om den ælling,
som først var så grim
men blev dog en svane tilsidst,
og så har jeg hørt om den dér
den du véd, som hedder
"Det er ganske vist."

Hvad dét nu vil sige,
forstår jeg dog ej,
jeg det kun som overskrift så.
Når DU den fortæller,
så siger jeg dig,
så kan jeg den sikkert forstå.

Fortæl mig, fortæl mig et eventyr
om alfer om trolde og feer,
jeg sidder helt stille og lytter til dig,
så vil jeg ej plage dig mer.

7.4.2018

Sæbebopler

Sæbebopler fylder stuen,
drengen ta'r et boplebad,
fægter, for at fange alle,
farmor puster barndomsglad.
Pusteringen drypper hånden,
bluseærmet siler vådt,
svæver boplen ned til gulvet,
bli'r den ned i tæppet trådt.

Drengen ynder andre lege,
er for stor til boplesjov,
bygger drager nu med Lego,
tabletspil, hvis han får lov.
Farmor nyder, at han vokser,
hver en alder har SIN leg.
Får han lov til selv at vælge,
finder han sin egen vej.

Sæbebopler er der stadig,
JEG har endnu lyst til leg,
og jeg puster dem frimodig,
så de svæver vindens vej,
danser kort i sommerluften,
glimter let i solens lys,
til de stille eksploderer
i et sagte fluenys.

23.7.2020

Skumringstid

Solen forsvinder,
det mørkner i stuen,
vi samles hos bedste
og falder til ro,
og bedste fortæller
om gamle dage,
da sagnet var sandhed,
og Bibel var tro.

Bedstemors stemme
nedluller den yngste,
som nu sover trygt
på bedstemors skød.
"Nu vil vi høre
om hønsepigen,
der salter troldenes
kogende grød."

Og mørket spinder
fortalte minder
om truget, der krydser
den frådende nat,
mens Ederland sidder
i stavnen forude,
mens truget finder
til troldenes skat.

Godnat, mine kære,
kom stille af tøjet,
så ikke I vækker
vor sovende skat.
Om lidt kommer bedste
og putter jer alle
med kys og med kram
til en hvilefuld nat.

22.7.2020

Ridderlege

En ensom mur
står ude på heden,
de sidste rester – :
var dèt mon et slot,
så store og skæve
står herligheden
af munkestene –
forgangenhedsflot.

Landsbyens børn
derude sig tumler
i ridderlege og
kæmpedyst,
med kæphest
og bannere,
hjemmelavet,
så længe de må,
og det endnu er lyst.

En ostemad kroner
turneringens sejre,
med postevand skåler
de brave mænd,
og hedelyngen
gi'r duftende lejre,
til pudret af støv
de vender sig hjem.

14.6.2019

Skolebørn

Lystigt skjalder glade stemmer,
sangen jubler højt i kor.
Drenge, piger man fornemmer,
de skal alle hjem til mor.
Ferie, råber allesammen,
lad os holde fest i dag.
Mange uger kan vi lege
uden hverdags-lektiejag.

Vi vil sove rigtig længe
indtil mor si'r: "Du skal op",
og så vil vi ud og lege,
klatre op i træers top.
Ned til vandet vil vi rende,
ud og svømme timevis,
rende hjemad våd i tøjet,
hjem til flæskesteg og is.

Hele ferien vil vi nyde,
lave lige, hvad vi vil,
møde venner, gå i biffen,
finde ny'computerspil.
Lave bål i aftenhaven,
grille løs, til det bli'r lyst,
for om et par dage kalder
skolen os til næste dyst.

12.4.2018

Kærlighed

Den første kærlighed

Bag hegnet tæt
i solskinsvarmen,
dèr sad vi sammen,
kun vi to.
Hinanden holdt vi os
i armen, vi venner var,
det kan I tro.

De bare fødder
fletted tæer,
og læber mødtes
tør og sky,
af græs vi flettede
os ringe,
og loved os:
"Vi ses påny."

Han skulle flytte
væk fra byen,
med søskende
og far og mor,
hans far fik
job og hjem
derhenne,
langt væk i byen,
åh, så stor.

Vi så os aldrig
mere siden,
for det var
tiden ikke til,
flygtningebørn
blev strø't så viden,
venskaber havde
dårligt spil.

5.3.2020

Uskyldsdrøm

Jeg har drømt om dig i nat,
åh, hvor er det længe siden,
ingen kendte mine drømme,
og de svandt derhen med tiden.

Sværmeriet fyldte sindet,
hemmeligt og rosenrødt,
og mens kroppen var som barnets,
uskyldshjertet vågned blødt.

Livligt blinked dine øjne,
og jeg glemte tid og sted,
dine hænder dansed polka,
og mit hjerte dansed med.

Du var smuk i mine øjne,
så bedårende og kær,
Og så levende og sikker
og mit hjerte stod dig nær.

30.7.2020

Ulige

Jeg er så lille, og du er så stor
men jeg elsker dig, smukke,
langt mer, end du tror.
Når du ta'r et skridt,
ta'r jeg gerne to,
det finder vi ud af,
vil jeg gerne tro.
Ja, vokse, det gør jeg
dog ikke mer,
men lad os dog prøve
og se, hvad der sker.

10.4.2018

Rosenrød

Du har lige drømt så dejligt,
vågner halvt og er frustreret,
holder fast det rosenrøde,
som din drøm dig har leveret,
ligger stille, føler varmen,
holder kroppen dejlig blød,
fornemmer, hvem du har i armen
i din drøm, så rosenrød.

17.2.2018

Jeg plukker dig en stjerne

Hente månen, plukke stjerner,
måske lykkes det engang,
mennesker vil prøve alting,
men hvad prise så med sang,
stjerner ligger i et album,
månen præger Disneyland,
elskende, de ser til himlen
på et mørkt og lukket land.
Stjerner, månen, lad dem vandre
deres gang på himmelen,
så forelsket eller ensom
vi kan nyde vrimmelen.

21.10.2018

Spildt

En kærlighed så underskøn
det sku'din skæbne bli'.
En mand med penge og
betydning ville til dig fri.
En bryllupsrejse til et sted
du ønskede dig hen,
og alle sku'misunde dig,
når du kom hjem igen.

Og arbejdsmæssig ville du
begynde helt påny.
Du rejse ville med din mand
henover hav og sky.
Et fornemt hjem, sa'kortene
du ville sikkert få,
og snart en dejlig pige
ville i din stue gå.

Så stor en glæde fyldte dig,
du følte, det var sandt.
En krans af minder du på
forhånd om din skæbne vandt.
Du båret var af tillid
til den kone, som ku'spå,
du tro'de hvert et ord,
når hendes kort på bordet lå.

"Hvor længe vil det vare
til han banker på min dør,
hvornår vil jeg bli' lykkelig
som ingensinde før,"
"Du vente må tre-fire år,
derpå sæt du din lid,
hav bare lidt tålmodighed –
du vèd, at ting ta'r tid."

Da spådomskonen døde,
var din sorg uend'lig stor,
hun kunne ej bekræfte mer,
hvorpå dit hjerte tror.
Da hørte du om andre folk
som havde fremtidsblik,
og du tog rundt og prøvede,
om sandhedsord du fik.

Og hørte du, hvad konen
havde spået for dig før,
så var det visdomsord for dig,
det var den rette dør.
Du havde fundet endnu èn
som havde synets magt,
hvis han og hun bekræfted',
hvad "den gamle" havde sagt.

Var det et anderledes liv,
de i din fremtid så,
så var det kun bedrag og skidt –
de kunne ikke spå,
og hver en ven, som prøvede
at sige rene ord, du viste bort,
for sandheds ord
i kortene kun bor.

Tre, fire år var snart forbi –
nu er det tyve år.
Hvor èr han, manden i dit liv,
de lykkelige kår.
Et drømmeliv gav spådomskonen,
årene svandt hen. Din ungdom
som du vented bort,
den kommer ej igen..

2003

Evig ung

Om ung eller gammel,
når hjerterne brænder,
du knap nok dit eget
behov nu erkender,
du følger veje som
aldrig du gik,
så fyldt er dit hjerte
med elskovsmusik.

Forenes to hjerter
i brusende varme,
omslynges to kroppe
af kærlige arme,
i finder jer selv
i hinandens spor,
og fyldes igen
med kærlighedsord.

26.7.2020

Nikkedukke

Form du din udkårne
efter dit mønster,
og lykkes det for dig,
så vær ej for glad,
for dén, som du valgte,
er pludslig en anden,
ej mere sig selv,
men ligner dit spejl.

18.4.2019

Om livet

Tiden går

Du var kun en knop
jeg elskede dig,
du var mig velkommen
kom, lev her hos mig.

Jeg gav dig en plads
i min krop, i min sjæl,
jeg følte dig vokse,
var ej mer kun mig selv.

Du sparked og voksed,
din plads blev for trang,
jeg vil ud i verden,
og ud du dig tvang.

Du kom med et plop
og så var du fri,
på godt og på ondt
jeg fulgte din sti.

Og nu er du far
har selv dine børn,
i hverdag og fest
ta'r du også din tørn.

Familien vokser
og livet gror,
så meget at elske
for bedstemor.

24.7.2020

Stadig min

Fra tid til anden ser jeg dig,
så kommer du forbi,
du har din egen levevej,
har ej så ofte fri,
selv har du børn, som elsker dig,
og jeg har del i dem,
til fester og ved lejlighed,
så er her alles hjem.

Dit liv er dit, jeg gi'r dig råd,
men kun, hvis du mig spør.
Jeg nøglen har, men ringer på,
du åbner mig din dør.
Er uden varsel brug for mig,
så kan jeg komme ind.
Til mig du også nøglen har,
det letter mig mit sind.

Fortrolighed og fællesskab
er nøglen til hinanden,
og kommer noget os på tværs,
så kan vi holde sammen.
Et bånd så stærkt af kærlighed,
som holder hele livet,
det spundet er i skæbnestorm,
og er for altid givet.

10.5.2020

Min spåkone

Mel: Jeg er en rigtig stor bandit.

En spådomskone, det har jeg,
hun lægger sine kort for mig.
Hun ta'r sin visdomsmine på,
og så begynder hun at spå:
»"Fing filiang, lad os nu se,
hvad i din fremtid vil dig ske.«

Og kort ved kort hun lægger ned,
mit hjerte banker stygt derved.
Hvad kan hun mon fortælle stort
med de normale spillekort?
»"Fing filiang, jeg ser det klart,
din lykke kommer til dig snart.«

Og hjerter, ruder, klør og spar
fortæller, hvad du med dig har,
de ligger alle på din vej,
og hjerter dame, det er dig.
»Fing filiang, med kortets sprog
jeg læser dem som i en bog.«

De siger, hvor du venner har,
og hvem der er din mor og far.
Om dig min viden dog er størst,
når du fortæller mig det først
»Fing filiang, jeg spø'r dig bar',
så du det ej bemærket har!«

Nu ved du, hvad for dig vil ske,
din fremtid kan du klart nu se,
i kortene jeg for dig så,
hvad du så længe håbed' på.
»Fing filiang, farvel min ven
og kom en anden gang igen.
gi'r du mig noget for mit spil,
min sparegris dig takke vil !"«

2003

Loppemarked

Dejligt vejr og loppemarked,
hvilke skatte, hvilken pragt,
folk har ryddet loft og kælder,
hvem mon får det bedste fat.

Men vil du se herligheder,
folk må flytte sig engang,
hele byen er på torvet,
køen er uend'lig lang.

Babyskrål og hundelarmen,
salgstilbud og mågeskrig,
elskende går arm i armen,
ingen kommer dem forbi.

Rygge sér du, hår og arme,
yderkanten! – MAS derhen.
Undskyld skub og trådt på fødder,
hvad HAR de dog stillet frem.

Ting, du selv har på dit loft,
og bras, du lige har smidt ud,
og nu står du midt i myldret,
i det tætte folke-kuld.

"Jeg vil hjem!" du stille sukker,
Redningsløst du sidder fast,
håbet om et loppefund
så tæt omringet for dig brast.

10.9.2020

Parkeringsplads

Parkeringsplads er svær at finde
du kører rundt og rundt i blinde
på hver en plads der står en bil
DIN bil får intet sted et hvil
trafikken strømmer dig omkring
i myldret ser du ingenting,
men finder du med ét en plads,
så tuder hornene bajads.
Trods det du roligt bakker ind
dog sæt ej langefingren ind.

Trofast

Er der en blandt dine venner
een, du blindt kan stole på?
Een, som stadig trofast holder
også, hvis du modgang får?

Hvis du mister job og bolig,
gælden vokser højt mod sky,
onde tunger spreder rygter,
graver ned dit gode ry.

Møder du nu gode venner,
har de ingen tid til dig:
"Har så travlt i øjeblikket,
men en dag, så ringer jeg."

Engang var de bedste venner,
nu vil de ej kendes ved,
føler sig så meget bedre,
sender dig i kulden ned.

Men så møder du en anden,
som du aldrig tænkte på,
gi'r dig ganske stille hånden:
"Jeg vil gerne med dig gå."

Kære venner, onde tider
er ej nemme at bestå,
men de viser dig omsider,
hvem du trygt kan stole på.

2018

Den glade sanger

Jeg synger, som jeg kan,
men slet ikke som jeg vil,
min stemme vil ej mere
være med på dette spil.
Den skratter og den lyder
ikke mere særlig smart,
og mine børn syns heller
ikke mer', det lyder rart.

Nu synger jeg alene,
når jeg helt er for mig selv,
der er så mange sange,
som drog med på livets elv.
Jeg sang, når livet føltes trist,
og alt var til besvær,
Naar jeg var glad,
så sang jeg bare
endnu meget mer.

Når jeg går rundt i byen
helt alene, hvor jeg bor,
så synger jeg i ho'det
uden lyd og høje ord.
Jeg vandrer frem i takt
til melodiers muntre spil,
og uforvarende mig møder
mange friske smil.

17.03.2018

Hjemmedans

Jeg føler mig ung,
jeg vil danse igen,
det gør jeg da bare
helt alene, min ven,
musik skal dertil
og lidt energi,
lidt plads i min stue
med gulvtæppet fri.
I takt til musikken
med polka og vals,
så går det så kvikt
som med fætren
på Als.

30.8.2020

Skovtur

Jeg gik i skoven
alene og stille,
helt uden selskab
det var, hvad jeg ville.
Helt for mig selv
med egne tanker,
ingen, der sagte på
sjælsdøren banker.

Lytte til fuglenes
livsglade stemmer,
opdage smådyrenes
godt skjulte gemmer,
Drømme mig ind i
feernes verden,
dele med dem
deres skjulte færden.

Lege med væsner
som mennesker skyr,
leve med dem
i et eventyr.

Så gi'r jeg slip
på min fantaseren,
åbner igen til
den virk'lige verden,
føler mig selv
som min bedste ven

— — — —

og går fornyet
til hverdagen
hjem.

3.4.2018

Hastværk

Hastværk er lastværk
den visdom du husker
når du dig selv
i trådværket fusker.
Så giv dig dog tid
tænk dig om, se dig for,
hvor nemt står du ellers
med bristede skår.

25.7.2018

Hos Rosi

Det er på tide, at vi ses,
at vi igen er sammen,
vi maser ind i Rosis dør
og hunde hilser på,
og Rosi byder indenfor,
og alle får en krammen,
nu er vi her og breder os
og skal ej andet nå.

Vi snakket har i timevis,
men altid kun i røret,
nu har vi allesammen fri,
kan sè, vi griner smøret,
mens vi ser falmet hår
og rynker i de åh,
så kendte ho'der,
vi søskende er ældre nu,
to piger og en broder.

Det røde hår, det mørke hår,
hvem stjal os deres farver,
i bytte gav han rynkerne
som ansigter nu garver,
på næsen sidder brillerne,
så vi endnu kan se,
men tiden, den kan rende os,
hvad end endnu må ske.

18.7.2004

Sorg og glæde

En lille tåre triller ned
og taler om din sorg.
Om det, der ej var lykke ved,
om livets brustne borg.

Den taler om de drømme
som i livets kamp svandt hen,
og om de chancer, du ej tog,
som aldrig kom igen.

Om hvert et kærligt ord
som du i tide ej fik sagt,
når døden alt for tidligt
viste dig sin skæbnemagt.

Den taler om, hvad ondt du led,
som ingen lindring fik.
Du gemte på din smerte,
medens tiden bare gik.

Nu sidder du med minderne
alene i dit hjem,
og li"så stille lister sig
en lille tåre frem.

Den lille tåre rummer alt,
hvad dækkes ej af ord,
og gi'r du slip, så vokser sig
den lille tåre stor –
og finder vejen på din kind
og skyller sorgen ned.
Det bringer lindring til dit sind
og giver sjælen fred.

»»»»»»»»»»»»>

Og gennem freden dukker frem
en sommernat så varm;
hvor var I unge, da I gik
i skoven arm i arm.
Dit første kys du fik til
nattergalens melodi,
mens månelyset viste vej
på skovens skjulte sti.

Og tusindfryd på engen
som I fletted til en krans,
som pyntede i håret
da I dansed til Sankt Hans.
Og hjerterne, som fulgtes ad,
når I gik hver til sit
og drømte om hinanden
at I fulgtes skridt for skridt.

Og børnene, som voksed op
og fyldte jeres hjem
med larm og glæde og med liv
hvor end de dukked frem.
Den kærlighed, du gav til dem
som lindred DERES sår,
den får du nu tilbage
efter alle disse år.

Og gode minder strømmer ind,
som sorgen havde gemt,
hver glæde og hver lykkens dag,
du næsten havde glemt.
Og langsomt kommer smilet frem,
og du kan ånde frit;
nu HJERTET også husker,
at du ikke KUN har lidt.

31.05.2002

Eftertænksomhed

Skæbnehjulet

Skyer trækker over himlen,
dækker solen, mørkner til.
Skæbnehjulet drejer lystigt
kører rundt i livets spil.
Blander kort med smil om munden
deler ud og deler til.
Får du Sorteper på hånden ? –
Ingen spørger, om du vil !

Glade stunder smiler til dig,
vækker modet, giver liv.
Du ser over horisonter
ikke kun til tidsfordriv.
Oppe sidder du på hjulet,
blikket vandrer vidt omkring.
Men du huske må på toppen:
Skæbnehjulet er en ring!

Og det kører og det drejer,
aldrig hjulet stille står,
og på livets lange rejse
godt og ondt vi alle får.
Lykken smiler til os alle,
så vi magter tunge kår.
Husk, når du har nået bunden:
Du igen til toppen når.

11.04.2004

Ventetid

Det er mørkt igen om dagen,
tågen lukker lyset ude,
efteråret hilser vintrens
julestjerner bag en rude.
Endnu er det dog november,
men vi véd, at jul er nær,
første blanke islag glimter
her på byens gadekær.

Julenisser gnider øjne,
for i drømme har de set
julemanden pakker gaver
i sin slædejulkaret.
Nissebedste koger grøden
nissemor ta'r lyset frem
nissefar gi'r mælk til katten
og den jager rotten hjem.

Nissedrenge, nissepiger
tumler rundt i stald og loft,
folk, der glemte ting og sager
syns, de driver det for groft.
På de underligste steder
finder de, hvad der forsvandt.
"Her var nisserne på spil,
at de findes, det er sandt!"

Vi skal købe julegaver
hvad til hvem og hvad til mig,
vil vi glæde andre rigtig
vil det glæde også DIG.
Glæde spreder vi så gerne
i den mørke juletid,
alle vil så gerne have
af julefreden sig en bid.

10.11.2018

Plejehjem

Kom, sæt dig ned her ved min side,
snak dog med mig en bette stund,
så mange timer er jeg ene,
sig ikke, jeg skal ta' et blund.

Skønt det er dejligt at fornemme,
i drømme er jeg ung igen,
men tanker kører mod min vilje,
for søvnen kan ej trylles frem.

Her render rundt så mange men'sker,
men de har travlt den hele dag,
selv med den allerbedste vilje
kan de ej stoppe deres jag.

Kom, her er plads på sengekanten,
jeg rykker lidt, sæt dig nu ned,
har vi så talt om gamle minder,
så svæver jeg i drømmen ned.

17.07 2018

Hvor går vi hen

Hvor går vi hen, når kroppen dør,
mon nogen ved om det besked?
Er der et efterliv for os,
forsvinder vi i glemslens fred?

Fra urtid har man dannet sig
begreber om en åndekraft,
shamaner, præster, vise mænd
og kvinder fyldte det med saft.

I hver kultur har mennesker
hos kyndige søgt hjælp og råd,
i sygdom, uvejr og i nød,
i ting, de ikke selv forstod.

Har nogen set med sikkerhed
hvad efterliv vi engang får?
Jeg venter rolig på den dag,
jeg selv igennem porten går.

9.8.2018

På afveje

Min skygge vandrer om natten,
den søger efter lys
den finder en gadelygte
og får her det kolde gys.

”Hvem er jeg, jeg kender mig ikke,
hvorfor er forandret min krop,”
Den skynder sig hjem til mit leje
og rusker mig, ”vågn dog nu op,

tænd lyset og se min forandring,
jeg ligner en skraldespand,
jeg gik bare lidt ud på vandring,
så hjælp mig, hvis bare du kan!”

Jeg vælter mig ud under dynen
og natbordets lys vælder frem,
dèr sidder min skygge på væggen
glad for, at han er vendt hjem.

30.9.2018

Stresset ?

Lad verden gå med sine sorger
træk dig tilbage i dig selv,
søg ikke svar, hvad end man spørger :
Du selv bestemmer lykkens hvælv.

Tænd et stearinlys i din stue,
find dine bedste plader frem,
lad dine tanker gå på vandring,
så falder du til ro igen.

24.03.2018

En Fake

En fake fik listet sig herind
jeg fanged ej dens skjulte sind
og inden jeg fik set mig om
et hav af kommentarer kom.

Det er en fake, den kender vi,
det havde jeg ej indsigt i,
den kendtes fra for år tilbage
det var før mine facebook-dage.

Jeg tro'de på den kendte ven
som også faldt igennem den.
Nu mange fik et grin så smøret,
at de fik taget mig ved øret.

Det er jer velforundt I venner,
til gengæld jeg et smil jer sender,
En grund til latter, den skal bruges,
kameler, de kan også sluges.

Hvor dum kan man dog også være?
Hvis DET til gengæld er den smøre,
man vil med "rette" mig belære,
må feje for de egne døre.

Fremmede ??

Her i huset, hvor jeg bor
tales sprog, jeg ej forstår.
Men hinanden vi betragter,
bruger hænderne til fagter,
så med latter og med smil
forstår vi tit, hvad vi nu vil.

Tysk sku' være fællessproget,
men forsamlingen er broget;
russisk, tyrkisk og arabisk
tales der og sprogkulørisk,
dansk kan kun min dreng og mig,
men vi alle finder vej.

Lidt god vilje, det er sagen,
er der nogen grund til klagen,
kan fornuft og fantasi
vise, hvad det ligger i,
hvis for alle gælder norm
i menneskelig omgangsform.

Juni 2018

Afstand

Den indre by, saa tom og stille,
en hverdagsby som aldrig før,
dit skridt gi'r genlyd mellem huse,
kun mørke ruder, lukket dør.
De få, man møder, vender ansigt,
kun få forsigtigt svarer smil,
så hurtigt ordner du dit ærind`
fornuft kanske nu vinder til.

26.3.2020

Hvem har brug for mig nu ?

Du sidder i stuen og du er alene,
det mørkner derude, du ænser det ej.
Du tænker tilbage, til dengang du havde
så frygtelig travlt med at passe dit grej.

Dengang, da du ønskede,
en gang at have
lidt tid til dig selv efter eget behag,
men børnene kunne berettiget kræve
din omsorg og nærvær hver eneste dag.

Og nu er du ene og længes tilbage
til børnenes latter og festlig alarm,
til fødder, der tripper igennem din stue
og nogen, der smyger sig ind i din arm.

Mens du sådan drømmer i
længselsfuld smerte,
en buttet krop lister sig op på dit skød,
en smigrende stemme,
der varmer dit hjerte:
"Jeg elsker dig, bedste,
for du er så sød."

2018

Afsked

Skæbnesorg

En skæbnesorg uend'lig stor
for evig i mit hjerte bor.
Hvor meget den end dækkes til,
for evig den mig følge vil.

Dog holder livets spil for mig
parat så megen munter leg,
som får mit hjerte til at le,
så lyst på verden jeg kan se.

Så læges hjertets skæbnesår,
til den en holdbar skorpe får,
men sæt dog ej din finger til,
for ellers skorpen briste vil.

Lig derfor stille, du min sorg
og gem dig godt i hjertets borg.
Din fred du bedst bevare vil,
hvis ingen ved, at du er til.

30.07.2003

Farvel min ven

Farvel min ven
jeg ser dig aldrig mere.
Du rejste bort
og kommer ej igen.
Dit nye hjem
er nu de dødes rige,
barmhjertighedens engel
førte dig derhen.

Du havde travlt,
du ville intet miste,
betvinge ville du
din syge krop.
Du brugte kraften,
til det var den sidste.
Da alt var tømt,
da sa'dit hjerte STOP.

Nu er du fri,
du lod din krop tilbage.
Du svæver fri
for sygdom og for nød.
Vær glad –
min sorg du ikke skal beklage.
Farvel, min ven,
og ha' en salig død.

Du gik –
og jeg kan ikke følge dig.
Dén dør for mig
endnu skal være stænget.
Dit kære ansigt følger mig
på hver en vej
og glæden i mit liv
er blevet lænket.

30.11.2003

Dit sidste farvel

Da solen gik ned
kom en engel fra sky.
Den listed herind
under mørkningens ly.
Den tog dig i favnen,
da ingen det så
og hviskede til dig:
"Med MIG skal du gå!"

Og engelen fyldte
dit ansigt med fred
og lagde dig varsomt
på gulvet nu ned.
Du svæved fra livets
til dødens skel,
som ekko jeg hørte
dit sidste farvel.

03.01.2004

En gravsten

Nu får dit hjem et navneskilt,
det lægges på dig ned,
og under denne tunge sten
får tyve år du fred.
Dèr kan du ligge godt og trygt
og stenen viser vej,
når år og dag forgangen er,
hvor jeg kan finde dig.

18.03.200

I nattens mørke

I største nød
fra største dyb
det råbte gennem mig :
"Hjælp, kære Gud
din kraft er stor,
lad mig erkende dig.
På dødens rand
jeg er fortabt,
den lokker og den ler,
jeg gi'r mig hen
og går derned,
når mørke kun jeg ser !"

Og stemmen steg
og bar mig op :
"Jeg er dig altid nær.
Når frygt og smerte
gør dig svag
jeg har dig dobbelt kær.
Kæmp kun din kamp
og følg din sti
trods mørke på din vej.
Når nattens ravne
flyver vildt,
så lyser jeg for dig !"

18.03.2004

Din fødselsdag

I dag er det din fødselsdag,
og jeg går til dig hen.
En kage har jeg ikke med,
du ku'ej spise den.
Men lykke ønsker jeg for dig,
hvor end du nu mon går,
så efter alle skuffelser
du glad tilfredshed får.

Jeg vandrer mellem gravene
og finder til dig hen.
Jeg lægger blomstergrene ned
og går så hjem igen.
Jeg indeni bedøvet er
og tårer kommer ej,
men himlen åbner sluserne –
og græder så for mig.

4.4.2004

Du gik

Tung om hjertet, kold til marven,
jeg har tabt min hjertenskær.
Frysende jeg står ved graven,
aldrig mere jeg dig ser.
Vi har levet livet sammen,
delte alt, hvad skæbnen gav.
Tunge byrder dæmped flammen,
og nu står jeg ved din grav.

Skæbnen lod os vokse sammen,
vi blev èt på livets sti.
Sorg og glæde gav os rammen,
som vi begge voksed i.
Børnene har krydret livet,
gav os glæder, gav os sorg.
Fællesskabets fire vægge
dannede så fast en borg.

Børnene er blevet store,
finder selv, hvor de vil hen,
er kun gæster, når de kommer,
og så går de snart igen.
Og nu står jeg her alene,
du blev syg og gik din vej.
Stuen hjemme er så ensom, –
Åh, hvor jeg dog savner dig.

4.4.2004

Venner

Tal ikke til mig,
så rører du såret,
som mig af skæbnen
så grusomt blev skåret.
Smerterne hviner
med hensynsløs magt,
glæden ved livet
på is blev mig lagt.

Tag mig i armen,
mit indre bli'r væk,
kræfter og livsmod
har fået et knæk.
Vil jeg bestå,
har jeg brug for en ven.
Ræk mig din hånd
og tal til mig igen.

4.4.2004

Lokkende stemmer

Et hav af tristhed sænker sig
som tåge på mit sind.
Det lukker mig og tynger mig
og vil i hjertet ind.
Den dæmper lysets magt igen
og trykker modet ned.
Den frister mig :"Kom, giv dig hen
og få din sjælefred.

Kom du med mig til mørkets land
dèr kan du sove trygt.
Vi svæver over livets rand,
.jeg dæmper ned din frygt.
Jeg holder dig og vugger dig
og luller dig til ro.
Luk øjnene, jeg fører dig,
du slippe kan din tro!"

Jeg springer op: "'gu'vil jeg ej !
Skrid med dig, gå din vej !
Til døden kan du selv gå hen,
lad vær at friste mig.
Jeg finder livets værd igen,
jeg holder lyset tændt.
Går modet den forkerte vej – ?
så må jeg få det vendt !"

4.4.2004

Du gik fra mig

Du gik fra mig, og jeg blev sten,
og sten kan ikke græde.
Mit hjerte frøs og blev til is,
man ikke må betræde.
Men våren kom og varmen
smelted tårer ud af isen,
og langsomt voksed lyset frem
igennem tågedisen.

Og sommersol gav kræfterne
og mod på fremtidsglæder,
jeg gik med dig i tankerne
de gamle, kendte steder.
Men efterårets blade faldt
og minder mig om før :
Hvert blad, der faldt
fortæller mig,
at det er DIG,
der dør. –

20.11.2004

Efterårs-hvisken

Tristheden lægger sig
som et tæppe
omkring mit sind.
Efterårets mørke skyer
gør sjælen blind.

Vindens sus
i de tørre blade
hvisker til mig :
Hør på min stemme,
den bringer en
hilsen til dig.

Jeg vender mig om
og lytter til
grenenes sus.
Hvor er du, min kære,
så tomt uden dig
er mit hus.

Et sagte vindpust
bølger omkring
min kind :
Luk op for dit hjerte,
så kommer
din kære derind.

2005

Genopstandelse

Forårssol og fuglestemmer
salver mig i krop og sind,
varmen strømmer ind i hjertet,
tørrer tåren på min kind.
Lysets kræfter løfter modet,
slipper livets glæder fri,
lærken synger sine triller,
og mit hjerte stemmer i.

10.04.2004

Sindet frit

Når sorg og smerte banker på,
så låser jeg min dør,
og finder frem af glæderne,
jeg gemmer på fra før,
og fylder hele sindet med
alt, hvad jeg kan og ved.
Jeg holder krop og sjæl igang
og dysser sorgen ned.

Men sorgen kender hver en krog
hver smutvej i mit hus.
Den trænger gennem sprækkerne
så tyst som vingesus,
og lægger sig som spindelvæv
på tanke og på sind :
"Har du da virk'lig troet,
at jeg ikke kommer ind ?"

Og ubemærket er den vokset
både stærk og stor
og lægger sig på hver en plet
hvor livets glæde bor.
"Hvis ikke du vil lukke døren
op for mig som gæst,
så sætter jeg mir på dig
når du tror, du har det bedst !
"

Når derfor sorgen banker på,
så åbner jeg min dør.
Vi deler et glas tårer
over minderne fra før.
Vi holder om hinanden
indtil smerten svinder hen,
og gennem tågen livets kræfter
bliver fri igen.

Når tåreglasset det er tømt,
står sorgen op og går.
Den lindret har min smerte
lagt et plaster på mit sår.
Den siger mig : "Jeg er din ven,
hvis du mig lukker ind,
så vil jeg også gå igen,
når lindret er dit sind ."

2004

Løvfald

Din grav bliver dækket
af efterårsløvet,
så farverigt er det,
men knasende støvet.
Jeg bøjer mig ned,
for at stryge dig fri,
jeg vil ikke have,
at du går fra min sti.

Jeg føler din stemme:
"Lad bladene ligge,
du sørger så længe,
det huer mig ikke,
så tryg under løvet
har jeg mit leje,
vær du igen DU,
dig selv skal du eje."

Din afsked går ind,
nu er det forbi,
og efterårsløvet
forløser mig fri.
Det dækker din grav,
jeg finder det sidste
i gulbrun pastel,
jeg vil aldrig dig miste.
I mine tanker

du følger mig hjem.
Jeg øver mig på
at blive mig selv
og hel igen.

30.11.2008

Og årene gik,
du ej helt i mig tav,
og af og til fører
min vej til din grav,
en hilsen jeg sender
til, hvor du må være,
jeg under dig alt
det bedste, du kære.
Men sørgende enke,
det er jeg ej mer
så spændt er jeg på,
hvad i mit liv
endnu sker.

3.11.2019

Jeg skriver (og læser)

Min første bog

Min første bog
som lille barn jeg fik.
Jeg lå i sengen og
forhindret var mit blik,
betændte øje intet mere så,
hvordan fik jeg dog bare
tiden til at gå.

En bog jeg fik
med dyre-relieffer,
når den jeg rørte,
lød miau og bjæffer,
mine fingre, mine ører "så",
og fantasien fik
historien op at stå.

Fra dengang elskede jeg bøger,
hvor sandhed, visdom og
oplevelser man søger,
men tænke selv er
en nødvendighed :
for MENNESKER skrev
disse ord dog ned !

Og Hitlers "Kamp"
og Biblens visdomsord
må ej på samme måde
sætte sine spor !!

Det skrevne ord
som jeg i bøger fandt,
ved egen eftertanke
ofte ej er sandt.
Men BOGEN i sig selv
i al sin særlighed
blev til et
livslangt forhold
i respekt og kærlighed.

25.03.2018

Jeg skriver

Jeg skriver, som min mund er vokset,
mit hjerte har sin del deri,
hvis sommetider det bli'r kokset,
fordi der ingen plan er i,
så har jeg haft det sjovt ved legen
med ord og rytmemelodi,
går jeg engang så over stregen,
MIN regel ligger gemt deri.

22.7.2018

Rytmens kraft

En stemme hvisker mig i nakken:
"Har helt du glemt mig her for tiden,
du vandrer rundt og varmer jakken,
jeg syn's, det er så længe siden,
at vi på ordets bølger svæved
og drømte os et eget sted,
som over verdens kiv os hæved,
hvor rim og rytme gav os fred."

"Åh, kære rim, hvor kan jeg glemme
den leg, som vi tilsammen har,
men jakken i sit skab derhjemme,
alene dèr så ensom var.
Den råbte på mig ud fra mørket,
tag mig med ud, jeg vil ha' luft,
nu er det nok med sol og tørke,
og frisk er efterårets duft."

Og efterårets friskhed favner
os begge i en rytmisk gang,
når rim og kvinde sig forener
og væver sammen på en sang,
så danser farveskønne blade
med os en valsemelodi,
som stemmer folk omkring os glade
og løvet rasler med deri.

8.10.2018

Vuggende rytmer

Digte og sange
i alvor og skæmt
kan altid mig fange
og ej kun på skrømt,
de vuggende, dansende
toner og ord
gi'r tankerne rytme
og følelser gror.
Forkorter hver vej
løfter op i mit sind,
maler solen i regnvejr
og smil på min kind.

2018

Børnehaven

Forårspige

(mel: Alabama)
En lille forårspige
i børnehaven går
forunderligt at sige:
hun fylder 30 år.

Hvornår mon du bli'r voksen
af alvorsord og stress?
Du lovet har, det bliver du
først når du er 50.

Susanna, du skal blive
helt som du er i dag.
og held og lykke
og alt godt
til næste fødselsdag.

2003

Skyggeleg

Stuens hvide væg er nøgen,
solen ind ad vinduet sér,
"sådan kender jeg den ikke,
undrer mig, hvad der dog skér,
altid var der pynt på væggen,
men fra loftet hænger TING,
jeg la'r mine stråler lege
skyggespil på væggen ind.

Mørke blomster, sommerfugle
dukker frem på hviden væg,
Solen morer sig derude,
har uhindret stråleskæg.
Børnene ved frokost sidder,
ingen mærker, hvad der sker
Pludslig er der én, der råber:
"Solen pynter væggen dér!!"

3.5.2019

Kreativitet

Børnehavens frokosttime
ved det flotte, røde bord,
altid èn, der spilder mælken,
så det sætter tydligt spor,
inden tanken dukker op
at ta' en klud, og få det væk,
mine fingre helt selvstændigt
maler med der hvide blæk.
Ind ad døren kommer leder,
"Ingrid dog, hvad LAVER du,
hvad er det, du viser børn,
det kan man ej, hvad MENER du."
Mig og børn ser på hinanden,
smiler venligt til vor Boss,
"Vi er bare kreative,
disse farver morer os.
Mælken ér jo nu på bordet,
hvilken skade er der sket,
når de skønne danske farver
kreative her bli'r set."

5.8.2020

I sommerhuset

(mel: Bjørnen sover)
Rødt og hvidt går flaget op
til toppen, når vi synger,
og når vinden suser
stangen blidt i blæsten gynger.
Vi vil nyde dagen,
det er lige sagen,
for i sommerhuset
har vi fri den hele dag.

2005

Jubilæum

(mel. Jeg en gård mig bygge vil)
Det i dag er fyrre år,
jeg i børnehaven går.
Hvor er tiden dog mon blevet,
dagbog har jeg ikke skrevet.
Hvad der kunne i den stå,
prøver jeg at huske på.

Dengang jeg var ung og ny,
kom jeg her til denne by.
Fyldt med visdom og ideer,
vidste ALT om koryfæer,
pædogikken tog jeg frem,
for nu var jeg kommet hjem.

Nu jeg måtte ta' min tørn,
havde mine "egne" børn.
Men som det er her i livet,
intet kan man ta'som givet,
det, som teorien vil,
kendte "mine" børn ej til.

Børn som sådan, det er nemt,
det kan ikke være slemt,
men hvis det skal give glæde,
må til teorien træde
sund fornuft og kærlighed,
finde vej til barnet ned.

Læremestre har jeg haft,
børn med både mod og kraft,
teorier var mig givet,
børn, de fyldte dem med livet,
gav i praksis mig besked,
gav igen med kærlighed..

At det var så mange år
kun af ét jeg helt forstår,
da en mor jeg mødte atter,
og jeg spurgt' til hendes datter :
"Tiden går, du nok forstår,
HUN blev lige bedstemor !!"

1.8.2005

Til en pædagogs afsked

Mel : Puff hvor kan man finde
En dag for længe siden
vi husker som i går,
da sa'du "Hej", da du kom ind
"Mit selskab I nu får,
jeg hørte, børnehaven
har børn i massevis,
dem vil jeg meget gerne ta
mig af på kærlig vis."

Så kom du hver en morgen
og tog dig af de små,
med godt humør og kærlighed
vi så dig blandt os gå,
og havde børn problemer,
så havde du et skød,
du tog dem til dit hjerte
og de glemte deres nød.

Hvor er der mange minder,
som stille dukker frem
med regn og sol i Hjerpsted
og med frokost i dit hjem.
Med ture ned til stranden
og julenissesjov
og sommerfest med pølsesalg
når vejret gav os lov.

Nu årene er gået
med lærdom sjov og klip
og kære Edel, ikke gerne
gi'r vi på dig slip.
Men når det nu skal være,
så siger vi til dig,
at alle vore bedste ønsker
følger dig på vej.

27.03.2003

Den pædagogiske læreplan

(mel. En sømand har sin enegang)
2006
En pædagogisk læreplan
får vi nu allemand.
Derfor kom instruktøren
som fortalte os, hvordan.
Han prædiked i timevis
så ho'der stod i glød.
Der var så meget, som sku'ind,
så hjerneceller flød
Personligheden fremmes skal
og sprogets færdighed.

Naturen er et lærested,
det skal vi og ha'med.
Bevægelse og kroppens brug
vi ikke glemme må.
For kulturelt og socialt
skal kompetancen stå.

Vi planer lægge skal for alt,
så kompetancen gror,
hvad vi har gjort i årevis
belægges skal med ord.
Vi lægger frit det hele frem,
så at enhver kan se,
at vi godt ved, hvad end vi gør
til barnets vel og ve.

Vi skabe vil et læringsrum
som fyldes skal med liv.
Der er en mening med vort job
ej kun til tidsfordriv.
For Ole, Jens og Annika
vi følge skal på vej,
så de bli'r kompetente børn
ved læring gennem leg.

Lanternesang

(mel: Bjørnen sover)
Røde, grønne, blå lanterner
gynger på en snor,
lyser op den mørke aften
hjemme, hvor jeg bor.
Alle mine venner
deres lygter tænder,
jeg går midt i rækken
sammen med min far og mor.

Op ad gade, ned ad gade
vandrer vi afsted,
røde, grønne, blå lanterner
vipper op og ned.
Se, lanternen gynger,
når vi går og synger.
Har I lyst, så ,må I
allesammen være med.

2002

Tak for årene

som gik
tak for omsorg
som vi fik
tak for hvert et
kærligt ord
da du satte dine spor.
Held og lykke på din vej.
Vi vil aldrig glemme dig.

27.03.2003

Jul

Jul i Borreby

(mel. Røde huer, strømper grå)
Nissebørn på loftet bor,
laver julegaver,
danser rundt og laver sjov,
driller, så det knager.
Gemmer vanter, slukker lys,
rydder op på nissevis,
hvad du gi'r af hånden,
straks er det forsvunden!

Nissefolket har så travlt,
julen står for døren,
ønskesedler flagrer ind
fra Hanne, Mads og Søren:
Dukker, biler, legotog,
puslespil og billedbog,
nissefolket laver
alt til julegaver.

Men det må vi ikke se,
det sker kun om natten,
når ingen børn i huset er
kun Hildegard og katten.
Men om dagen har de fri,
slapper af med drilleri;
begynder de at plage –
er nisserne tilbage.

1.12.2002

Julekaffe i Gammelby

(Mel : På loftet sidder nissen)
Til julekaffe skal vi nu i Gammelby,
i Gammelby, i Gammelby.
Vi hygge skal hos Trine
som hvert år påny,
og sidde her og vi vil slappe af.
Vi nyder hendes kaffe, hendes kager,
og nej, hvor de smager.
Hun er så dygtig,
når hun står og bager:
"Og værsgod her, så skal I ta'!"

Der er så megen hygge i dit nissebo,
her er der fred, her er der ro,
vi kender dine nisser,
det kan godt du tro,
de var her nemlig også sidste år.
Nu sidder vi og hygger og vi snakker,
mod aften det lakker,
når mætte så vi henter vore frakker,
så si'r vi tak, når vi så går.

2002

Juletid i børnehaven

Juletid i børnehaven
er forbi for denne gang.
Alt er pakket, alt er færdigt,
sunget er den sidste sang.

Juleklip og julegaver,
julehygge, julesang.
Kalendergaver er fordelt
og alle børn kom til engang.

Det, vi ej fortæller mor,
og nissen med sin julegrød;
nissen satte sine spor,
og hele garderoben flød.

Inden juletiden started`,
så kom alle nisser frem,
havde vi dog bare fået
kun et lille glimt af dem!

De var nede hele natten,
pynted børnehavens rum,
vore øjne blev så store
næste morgen, da vi kom.

Juletræ og nissehuer,
julemanden kom med sæk,
han fordelte sine Gaver,
nok en sang, så var han væk.

Præsten så vi i hans kirke,
han fortalte om dengang,
nissen var i Bethlehem,
og Halleluja vi sang.

Sidste dag i børnehaven. –
Med lidt vemod vi nu går,
travlhed venter os derhjemme,
glæd'lig jul og godt nytår.

Julebudskab

Det er gråvejr hele dagen,
solen holder sig i skjul.
Kom nu frem med lysestagen,
så I mærker, det er jul.
Gå i skuffer og i gemmer
efter julelys og pynt,
så i mørket I fornemmer :
Juletiden er begyndt.

Kravlenisser, advendskranse,
honningkager, julesang.
Når vi travler, mens vi venter,
bliver tiden ej så lang.

29.11.03

– – – – – – – – – –

Trykker mørket os på sindet,
til forhåbning sæt din lid.
Lys, som lever, vækker mindet
om et sagn fra gammel tid.

Sagnet vil fortælle os
at håbets lys går aldrig tabt,
det blev dannet, da i tidens
morgen verden selv blev skabt.
Mørkets kræfter fryser det
og skjuler det bag sky,
men når mørket, det er tættest,
dukker lyset op på ny.

3.3.04

Julemands-travlhed

Jeg ser ham rende
med flyvende frakke
igennem det efterårs
brogede land,
med skægget så hvidt,
der flagrer i farten,
tro mig på ære: en Julemand !!

Det er først oktober,
men tiden, den stormer,
så meget skal ordnes
til julen er dér,
alverdens børn
skriver ønskesedler,
at overse nogle ?
Slet aldrig det sker.

I skoven han kalder alferne sammen,
til Nordpolen drager han
sammen med dem,
de fylder hans værksted
med saven og hamren,
til glæde og fryd i børnenes hjem.

December oprinder
og slæden skal pakkes,
og rensdyr og Rudolf
skal fodres med hø,
og næsen skal pudses
så vejene findes,
trods skove og bjerge
og tilfrossen sø.

De suser afsted
over himlen om natten,
på veje af stjernestøv
finder de frem
til samlede huse i byer og stade,
til ensomme gårde og fattige hjem.

Og trætte og glade
går vejen tilbage
til Julemandens og
Nissernes hjem,
og alferne hopper
af slæden ved skoven,
for træernes skjul
er alfernes hjem.

Ved Nordpolen venter
rensdyrenes stalde,
med stakke af hø
til hvile og mad,
og Julekonen
i køkkenet travler
med risengrøden
i dampende fad.

Da morgenen kommer
engang hen ad året,
for længe man venter
på Nordpolens sol,
da leger Nisser
og rensdyr i sneen
og samler kræfter
til næste års Jul.

13.9.2019

Larm i huset

Det første advendslys er tændt,
jeg synger højt nu:
"Vær velkommen",
min sang bli'r gennem luften sendt,
jeg nøjes ikke med en summen.
For over mig dér larmer boret,
så kan jeg skråle, som jeg vil,
halleluja, mig hører ingen,
og julestemmen har frit spil.

Jeg synger om de engle små,
og dejlig er vor skønne jord,
og himlen er igen så blå,
og blomstre skal vor rosengård.
I børnehaven er der flid,
og nissen spiser risengrød,
og katten jager rotterne,
og nissemor, hun er så sød.

Jeg sender tak til nabostøj,
bliv bare ved en bitte stund,
jeg sender julesanghalløj,
og nyder det af hjertens grund.
Når juleaften rinder ind
med børn og børnebørn til fest,
så kan vi synge allesammen,
for jeg fik øvet allerbedst.

1.12.2019

Juleræs

Juletiden stormer ind
og alle mener, der er tid,
endnu er det efterår,
vi hviler efter høstens flid.
Allerede pynte løs, og
tænke over julegaver?
Masser tid vi har endnu,
det ikke vore nerver saver.

Men med ét er det december,
kun tre uger har vi nu.
Hvad var dét, som hun har ønsket,
tomme hænder er en gru. –
Stop nu op, du har jo længe
gemt, hvad hun så gerne vil,
lad dig ikke sådan jage,
det er julen ikke til.

Gemt har du dog alle gaver,
julepynten er parat,
i din fryser venter gåsen,
juleknas i skabet sat.
Efteråret samler høst
til julens højtidsfesteri,
så mens andre har så travlt
så har du jule-hyggefri.

11.12.2018

Vi vil ha' sne

14.12.2019

Klokkerne klinger, for snart er det jul,
og børnene ønsker sig sne op til fest,
mor Hulda har snue,
hun ligger i sengen,
af fjerpuderne har hun nu
selv allerbedst.

Men søde Marie har brygget kamille
til te, så mor Hulda igen får det godt,
og efter en uge i sengen mor Hulda
igen har tør næse, så sner det så flot.

Den nye kælk fra julemandssækken
ta'r prøver af bakker i susende fart,
og snemanden vokser sig
rund omkring maven
og står som en vagtmand ved slædernes start.

Julemænd en gros

En endeløs strøm i byen går
af julemænd i alle gader.
Butikker har dem foran døren,
og flere hænger på husfacader.
De ringer med klokker og taler mildt,
om ikke man dog har lyst til at kigge,
om en sidste julegave man søger,
bli'r sådan jeg tiltalt, det huer mig ikke.

Bli'r sådan jeg sparket med "julestemning",
så kollektivt festligt med købekvad,
jeg fjerner mit korpus til rolige gader,
for jeg er så gammeldags juleglad.

Men ser jeg og hører en pige der spiller
på ægte harmonika julens musik,
så letter jeg pungen, og smiler til hende
og veksler med hende en øjenreplik.

8.12.2018

Julemanden kommer

Ho ho ho, snart kommer han,
den tykke mand med frakken rød,
støvlerne skal endnu pudses,
crem skal give kinder glød.
Slæden trækkes ud af skuret,
Rudolf samler sine dyr.
Nisserne skal ordne flokken,
himlen farves julerød.

Nu afsted på stjernestøvet,
bjælder klinger julesang,
Julemanden stemmen prøver,
så er vejen ej så lang.
Nu den første skorsten kommer,
dukker op i hvirvelsne,
slæden stopper, manden hopper
i kaminen, kan vi se.

”Jeg har noget med i sækken,
hvem har været sød i år,
har I været uregerlig,
giver det de sammen kår.
Altid flink kan ingen være,
ingen voksne, ingen børn,
juleglæden gælder alle,
det er Julemandens tørn.”

19.12.2018

Naboens sange

17.12.2018

Bli'r det mørkt i juletiden,
nyder jeg en julesang,
tænder lys i advendskransen,
så er aftnen ej så lang.
Stemmen skratter gennem mørket
med den gamle, kendte klang,
min på dansk og tysk og engelsk,
russisk lyder nabos sang.

Glade jul, den kender alle,
dansker, tyrker og tamil
alle synger med i blokken,
broget, blandet folkespil.
Julebud med fred til alle,
hverdagsbud i vores hus,
livets ret til hver på kloden,
lad ej verden gå i grus.

Jeg spørger engang

"Er du ægte, Julemand?
Storebror vil det ej tro.
Pattebarn, sagde han til mig,
og så grimt han ad mig lo.

Hele verden på én nat,
hvordan mener du, det går,
tænk dig engang bedre om
dit pattelille tankefår."

"Hils engang din storebror,
så måske han på mig tror:
Jeg si'r STOP til tidscentralen
indtil næste hanegalen,
så kan jeg alverden nå,
det kan trygt han stole på.

Kommer jeg i nat til jer,
han engang mig rigtigt sér,
tidens stop jeg løsner lidt,
Rudolfs slæde står der frit,
inden jeg med lynets hast
tár til himmels med min last.

18.12.2018

Tak, Julemand

Julemand, kom ind til mig
jeg har skrevet digt til dig,
så meget, som du mig har bragt,
så vil jeg engang sig' dig tak.

Fra min seng jeg hørte spor,
når du hvisked med min mor,
og af sækken tog du frem,
hvad jeg ønskede mig hjem.

Julemand, tag dig lidt tid,
hold en pavse i dit slid,
alle vil ha' dig til gæst,
mens de holder deres fest.

Du skal gæste hele verden
i en hovedkuls befærden,
og når rejsen, den er slut,
kan du knap nok slå en prut.

Julemand, vi giver dig
de bedste ønsker på din vej,
for det, du giver, har vi ment,
da har du vores tak fortjent.

24.11.2018

Fra gammel tid

Adam

Himmel og jord
har jeg skabt med min hånd,
planter og dyr har jeg indpodet ånd,
livet udfolder fortryllende pragt
som viser alverden
min herskende magt.

Dog i al herlighed savner jeg dog
nogen, der taler med mig i mit sprog,
som guddommeligt vælde
bedømme kan,
derfor jeg skaber nu kvinde og mand.

Når de erkender min skabende kløgt,
tilbeder de mig i beundring og frygt.
Kærlighed kan jeg forvente af dem,
når jeg så faderlig fører mig frem.

Med hænderne former jeg
klumper af ler
og føjer dem sammen, indtil jeg ser
en skikkelse, som kunne
minde om mig,
mit selskab de bliver i alvor og leg.

Min hellige ånde får sjælen i dig:
”Jeg hilser dig, Adam, hør lige på mig:
Jeg giver dig verden med alt,
hvad der gror,
beskyt, hvad der lever
og pas på min jord !”

22.05.2018

Noah

Til Noah talte Herren, se,
jeg giver dig besked.
Jeg er så træt af mennesker,
jeg sender vandet ned.
For folket er mig ej tilpas,
de lystrer ej mit ord
så jeg i vrede slår dem ned,
og sletter deres spor.

Jeg lader regnen styrte ned
i både nat og dag,
bli'r ved i fyrretyve døgn,
min vredes velbehag.
Når alt, hvad der forstyrrer mig
er sunket hen i grus,
så byg med min velsignelse
af resterne dit hus.

For du alene er mig tro,
du lyder mine bud,
og den, der trofast viser sig
belønnes af sin Gud.
Til eje gi'r jeg jorden dig
med alt, hvad der er dit,
hvis du mig fortsat lydig er,
så kan du leve frit.

Byg nu en ark, så kæmpestor,
jeg siger dig, hvordan,
tag alt, du ejer med om bord
og hold det godt i stand.
Tilsidst du finde skal et par
af alle dyr på jord,
driv alle dem i arken ind
og gå så selv ombord.

Men hele folket grinede:
"I ørkenen vi bor.
Det endnu aldrig regnede
på denne tørre jord.
Vorherre, han ta'r gas på dig,
hvem ved, hvad han dig vil.
Han prøver kun din lydighed
med dette skalkespil."

Men Noah roligt gik igang
med hjælp af sine sønner.
Han stoled på sin Gud,
at han for sliddet dem belønner.
Nu snart de første dråber faldt
med brusen over jord,
og folket skreg og jamred`
efter hjælp med angerkor.

Mens Noah og hans folk og fæ
begav sig rask om bord
fandt plads til alle, som kom med
og som på Herren tror,
da vælted mørke skyer frem
og stormen bruste frem
de vantro alle gik til bunds
da vandet strømmed frem.

Luk hver en dør forsvarligt i,
nu kommer store vande.
Da hver en skodde stænket var,
det øsed'som af spande.
Og vandet steg og strømmed
under bølgers hårde brusen.
Da folk og dyr faldt lidt til ro
man hørte vindens susen.

Da regnen end'lig stilned af,
blev hele verden ny,
og Noah åbned skodderne
og så den sidste sky.
Nu jorden toned frem igen
og nyt liv var begyndt
med Noah og hans mange dyr,
som Herren havde kyndt.

2018

Pharaos klage

Moses, åh Moses,
du var mig en søn,
nu går du mit hjerte imod.
Du gengælder sælsomt
min kærlighed
og deler nu fjendernes lod.

Med dem du tilbeder
en stormægtig gud;
mit folk lider frygtelig nød.
Landet er hærget
og høsten er rådnet,
vi mangler det daglige brød.

Med ådsler og peststorm din
gud slår os ned,
hans magt står jeg ikke imod,
før bort din guds folk,
og lad os så få fred,
min søn ligger død for min fod.

Gå ud af mit land,
vend dig bort fra mit blik
og gør, hvad din guddom dig bød –
at jeg engang elskede dig
som en søn,
det af hjertet jeg bittert fortrød.

10.6.2018

Der var engang

I gamle tider, i fortidens huler,
der danser på væggene skygger af folk,
de sidder om bålet og lytter til sangen
om åndernes væsen, forkyndt af en tolk.

De dansende skygger
fremmaner en verden
af ukendte magter og åndemagi,
og kroppene vugger
i fælles besværgende
sanseopløftende trosmelodi.

På hulevæggene maler de livet,
som så bliver skjult
under tidernes gunst,
hvor nutidens folk finder oldtidsarkivet,
og ligger på knæ for den lysende kunst.

De første sange og eventyrskatte
opstod omkring bålet ved truende nat,
i menneskets vugge fortælling blev givet
til levende sjæle – en evighedsskat.

10.12.2018

Heksetro

I eventyr er hekse grimme
stor næse med en vorte på,
så krum en ryg og skæve ben,
og uden stok kan hun ej gå.

Hun har en latter, som kan fryse
dit blod, så du snart dør af skræk,
og møder I en heks på vejen,
så skynd jer hjem og hold jer væk.

Hun bor derude midt i skoven,
og lokker sultne børn med list,
nyd aldrig godt af hendes kager,
for det fortryder I til sidst.

Så anderledes man bedømmer
den kloge kone, mild og god,
hun også bor langt ud' i skoven
hun kender planter og hver rod.

Til hende man i nøden drager,
når intet mere hjælpe kan,
men helt i smug, for øvrighed
sig følte som den kloge mand.

Da blev hun brændt i gamle tider,
og megen visdom gik fortabt,
men videnskaben nu bekræfter
hvor megen sandhed der var skabt.

Og kalder man mig for en heks,
så si'r jeg tak og kendes ved,
jeg hjælper gerne, når det gælder,
men rider også glad en ged.

13.5.2018

Vort ophav

Skægget rødt og vidt befaren,
Vikingfolket, det var os,
de kom rundt i hele verden
og bød storm og havet trods.
England, Irland, Holland, Frankrig
gæsted de med skrål og sværd,
tog for sig af kystens skatte,
røved, hvad der havde værd.

Klosterguld til nordens sønner
danned grundlag for en gård,
hvor de høsted, hvor de avled,
gav familien gode kår.
Sønner fik de alt for mange,
som i Viking fjernt så drog,
fandt derude andre lande,
nyt et hjemsted de så tog.

Normandiet lyder navnet,
sådan hedder det i dag.
Tusind år er det bevaret,
hvem forbinder denne sag.
Gennem floder over landet
vikinger har blandet blod,
intet fremmed har de frygtet,
vikinger har blandingsmod.

Ruslands floder blev befaret,
Middelhavets kristenhed,
Byzantinske handelsfolk
gav af deres kundskab med,
handel ikke kun med sværdet,
men i byttelystens vid,
Vikingfolket bragte skatte
uden blod og kampe med.

Vinlands kyst var kun et tidsdryp,
parentes i nordens sagn,
eftertiden her dog viser,
landet SÅ en vikingstavn.
Vikingbosted har man fundet,
hvad der skete på det sted,
kan man se i Islands Saga,
sandhed strejfes dér MÅSKE.

Efter eget land de stræbte,
fandt en ø, som blev et hjem,
intet ejerfolk de dræbte,
fandt som første samfund frem
til metoden, som vi ynder,
som gav alle samme ret,
kendte endnu ikke ordet:
demokrati som samfundsret.

3.8.2020

Et pust fra fortiden

Så mangen gang jeg drømte
mig tilbage her ved fjorden,
da vikingfolket færdedes
så voldsomt her i Norden.
Jeg sad ved Sliens bred og
så de drabelige mænd,
når de fra deres vikingtogter
sejled hjem igen.

Det var et så historisk sted,
jeg voksed op som barn,
og fantasien blomstrede
og spandt sit eget garn,
når vikingskibe drog forbi
med sang fra grove stemmer,
et pust fra gammel tid
i fantasien jeg fornemmer.

Når aftenen faldt på,
forsvandt de langsomt i det fjerne,
de sejlede til Hedeby
og fulgte deres stjerne.
Jeg selv gik hjem som
drømmende jeg vandrede i blunde,
så lykkelig jeg var at jeg
var født i mit Mysunde.

22.03.2018

Eventyr

Vil I høre ?

"Der var engang" – fortællinger
begyndte sikkert ganske vist,
da hulemænd og –kællinger
ved bål ej ville have det trist.

29.04.2018

Askepot

(mel: en sømand har sin enegang)

Der var engang en pigelil
hun var så sød og rar.
Hun fik en stedmor, som blev gift
med hendes gamle far.
Hun også fik to søstre, som
var grumme fæl af sind:
de sendte vores pigelil
i køkkenasken ind.

Hun sled og slæbte dagen lang
for søstre og for mor.
Dog ven hun blev i tidens løb
med himlens fuglekor.
Hun sang med dem, og gav dem mad
men kunne hun ej mer,
og kaldte hun, så fik hun hjælp
af himlens fuglehær.

En dag kom bud fra kongens slot,
der skulle være fest,
og alle landets piger skulle
komme med som gæst.
For prinsen, han sku' giftes
skulle finde sig en brud.
Ved ballet ville han så se,
hvem der så smukkest ud.

Nu pigerne fik hønetravlt,
hvad skulle de ta'på.
Og stakkels lille Askepot
hun skulle for dem gå,
og vaske tøj og stryge tøj
og pudse deres sko.
Hun sled og slæbte dagen lang
fik aldrig fred od ro.

Da dagen kom, sa'Askepot:
"Jeg vil til ballet gå!"
Men stedmor sa'til Askepot:
"hvad tænker du dog på!
For se, din kjole, den er grim
med mange pletter på,
så møgbeskidt du er, min ven
vi os jo skamme må.

Men hvis du ud af asken
samler hver en lille ært,
og skiller godt fra dårligt,
vil det ikke være svært
at komme op til slottet
inden dansen er forbi.
Man vi skal nu afsted, og du
må hell're hænge i!"

Nu alle himlens fugle kom
og ordned hendes job.
De vimsed rundt og flagrede,
til alt var samlet op.
De bragte med til Askepot
en kjole underskøn.
Fordi hun var så god ved dem,
så blev det hendes løn.

Da Askepot til slottet kom,
tog prinsen hendes hånd:
"Du er den skønneste, min ven,
med dig jeg knytter bånd!"
Han dansed'kun med Askepot
den hele halve nat.
Så løb hun ud og flygtede,
han mistede sin skat.

Mens Askepot løb hjem igen
og gemte kjolen fin,
løb prinsen helt fortvivlet rundt:
"Hun skal dog blive min!"
Men heldigvis for Askepot
hun havde tabt en sko.
Den fandt vor prins: "Nu vil jeg se,
hvem den kan passe på!"

Og alle landets piger viste
deres fødder frem.
Men skoen var for lille, så
de måtte hjem igen.
"Der må da være én endnu,
som har så smal en fod."
Til sidst han foran Askepot
i køkkenasken stod.

Hun var så møgbeskidt som før
men under askens grå
vor prins med kærlighedens blik
sin skønne pige så.
Og skoen passed også fint
og hun fandt kjolen frem
og lykkelig og glad gik hun
med prinsen til hans hjem.

Nu eventyret er forbi
om lille Askepot.
Hun sidder med sin prins på
kongens høje, fine slot.
Måske hun dronning blev engang
da andre tider kom,
men det fortæller eventyret
ikke noget om.

30.10.2006

Violpigen

(Mel. Per spillemand havde en eneste ko)
En lille prinsesse
så smuk som en sol
blev født af en blomstrende,
lysblå viol;
violen blev plukket
af dronningens hånd
og bundet til andre
med silkeblødt bånd.
»Fortæl, fortæl om eventyrlandet "Der var engang"«

Da dronningen blomsterne
satte i vand,
da kom hun i tvivl
om sin egen forstand,
da hun på buketten med øjnene så,
en fin lille pige i blomsterne lå.
»Fortæl, fortæl om eventyrlandet "Der var engang"«

På kongen hun kaldte:
"et under er sket,
så dejlig en pige har du aldrig set;
det barn, vi har ønsket i så mange år,
som gave fra himlen vi endelig får!"
»Fortæl, fortæl om eventyrlandet"Der var engang"«

De elskede barnet, de kaldte til fest,
for hende var godt nok,
kun hvad der var bedst.
For kongeparret var hun her på jord
det kærest' af alt –
men hun blev aldrig stor.
»Fortæl, fortæl om eventyrlandet ...«

Men ude i skoven bar alferne sorg,
prinsessen var borte fra alfernes borg.
Da duggen forsvandt under
morgenens sol,
de fandt ikke mere den lille viol.
»Fortæl, fortæl om eventyrlandet "Der var engang".

De kaldte og ledte,
hvem havde mon set,
hvad med deres dugvåde
blomster var sket.
Så fulgte de sporet
af dronningens fod,
til de foran slottet i dagslyset stod.
»Fortæl, fortæl om eventyrlandet "Der var engang".

Men alfernes stemmer er stille som sne,
og mennesker kan ikke alferne se –
de fløj over muren ved højenlys dag,
at tale med kongen for alfernes sag.
»Fortæl, fortæl om eventyrlandet "Der var engang".

"Hvordan skal vi gøre?"
sa`alfernes folk,
"hvis høres vi vil, har vi brug for en tolk!"
da sa'en af alferne: "Ta den med ro,
vi har jo prinsessen!" Og alferne lo.
»Fortæl, fortæl om eventyrlandet ..."

Prinsessen hun kaldte
på far og på mor.
"Nu ser I, hvorfor aldrig jeg bliver stor.
Se alfernes folk min familie er,
jeg går hjem med dem –
men I altid mig ser.
"Fortæl, fortæl om eventyrlandet ..."

Når tågen ved morgengry letter fra sky,
så ser I mig danse ved slottet påny.
Og byder I mig jeres kærlige hånd,
så aldrig jeg slipper de knyttede bånd!"
»Fortæl, fortæl om eventyrlandet ..."

Og alferne svævede glade afsted,
lidt ked og lidt glad fløj violpigen med.
Så længe som dog fantasi har et hjem,
står eventyrlandenes dør lidt på klem.
»Fortæl, fortæl om eventyrlandet
"Der var engang":

20.07.2003

Opført som eventyrspil med børnehavebørn
i Egernførde til Årsmødet 2005

Rødhætte

Rødhætte, kom, vær ikke doven,
gå hen til bedstemor ude i skoven,
ta'denne kurv med rødvin og kage,
så hendes kræfter vender tilbage.

Men pas pa ulven, den venter derude,
den kan du kende,
saa grim er dens snude,
den er saa snedig den lover dig alt,
inden den ta'r dig og gør dig gevaldt.

Rødhætte gør, li'som mor, hun har sagt,
men tiden gaar, hun er ej mer paa vagt.
Sollyset tindrer og fuglene synger,
træerne sagte i vinden sig gynger,
blomsterne dufter saa liflige søde,
så kommer pludselig ulven imøde.

"Hvor skal du hen,
du er langt fra derhjemme?"
smisker han venligt
med sødme i stemmen.
"Jeg skal til Bedste,
hvis helbred nu kokser,
hun bor derude,
hvor egene vokser.."

"Men lille pige, var det dog ej net,
hvis du vil plukke en blomsterbuket,
henne paa lysningen vokser saa mange,
mon ikke de hendes glæde kan fange?"

Rødhætte glemte, hvad mor havde sagt,
mistanken ulven til ro havde bragt,
pigen løb ivrigt til blomsterne frem,
ulven forsvandt hen til bedstemors hjem.

"Døren er åben", har bedstemor sagt,
så ingen grund til at være paa vagt,
kun et stort HAPS,
hun var ej mer i syne,
ulven forsvandt med behag
under dynen.

Rødhætte kom og saa døren stå åben,
hun saa på Bedste
med undrende måben.
"Hvad er der Bedste, så lange de ører?"
"Det er fordi jeg så bedre dig hører!"

"Og dine øjne, så store de er?"
"Det er fordi jeg så bedre dig ser!"
"Og dine hænder, så store og grå?"
"Så at jeg bedre kan fat i dig få!"

"Og dine tænder, de er mig en gru!"
"Så at jeg bedre kan æde dig nu !!"
Et sæt ud af sengen og pigen var slugt.
Ulven var mæt, tænkte ikke på flugt

Jægeren kom med en kæmpesalut
befried dem begge – og historien er slut.

Den lille hvide kat

Eventyr, så mange skønne,
jeg fandt dem tit af skuffen frem,
jeg mødte dem i mine drømme
og drømmende jeg leved dem.

Men ét af dem gav mavepine,
der manglede det sidste stykke.
hvor kunne jeg mon finde det,
jeg prøved overalt min lykke.

Enhver har bøger i reolen,
det mente jeg, så jeg gik rundt
til venner, naboer og skolen,
men heldet var mig ej forundt.

Dér fandt jeg eventyr så mange,
"Den hvide kat" var ej iblandt,
jeg læste tusind eventyr,
men missekatten jeg ej fandt.

Så blev jeg stor og tjente penge
og samlede på eventyr,
reolerne så langsomt krænged',
da fandt jeg endelig mit dyr.

"Den lille, hvide kat" er slut,
og bondedrengen har sin skat,
min søgen har jeg ej fortrudt,
nu kan jeg sove godt i nat.

3.4.2020

Prinsessen på ærten

Efter H.C.Andersen

Stormen suser rundt om hjørnet,
regnen pisker mod vor dør,
så forrygende et uvejr
havde man dog aldrig før.

Hør, nu er der èn, der banker
ude i den fæle nat,
det er ude foran porten,
èn, der hamrer som besat.

Udenfor en yndig pige,
rystende af kulde står,
vandet driver ned ad kjolen,
helt forpjusket hendes hår.

"Jeg er vandret hele dagen,
jeg har tabt min silkehat,
jeg vil bede jer give mig husly,
må jeg sove her i nat ?"

"Sig mig, hvem er du, min pige,
dig har jeg dog aldrig set ?"
"Jeg er Ilselil, prinsessen,
har du ej en seng beredt ?"

Dronningen sig ret betænkte,
prinsen vil jo giftes mindst
med en rigtig sand prinsesse –
måske HUN er dèn gevinst.

Hun lod hele ti madradser
stable op i sengens bund,
nederst kom en lille grønært,
og prinsessen gik til blund.

Dronningen kom næste morgen,
spurgt'prinsessen nok så sødt,
"Nå, min pige, hvordan går det,
har du sovet godt og blødt ?"

"Blødt og godt ? – Det var en pine,
for på noget hårdt jeg lå,
ondt i hele kroppen har jeg,
den er både gul og blå. !"

Dronningen tog nu prinsessen
i sin favn, og sendte bud
efter prinsen, kongen, hoffet :
"Se, jeg fandt den rette brud.

Kun en ægte født prinsesse
har så sart og blød en krop,
at en lille ært kan pine
gennem ti madradser op.!"

Der blev fest i hele slottet,
bryllupsvals for fuld musik,
uvejr bragte livets lykke :
prinsen sin prinsesse fik.

18.04.2018